A MENTE REVOLUCIONÁRIA

PROVOCAÇÕES A REACIONÁRIOS E REVOLUCIONÁRIOS

A MENTE REVOLUCIONÁRIA

PROVOCAÇÕES A REACIONÁRIOS E REVOLUCIONÁRIOS

IANKER ZIMMER

70

A MENTE REVOLUCIONÁRIA
PROVOCAÇÕES A REACIONÁRIOS E REVOLUCIONÁRIOS

AUTOR: Ianker Zimmer

DIRETOR DA ALMEDINA BRASIL: Rodrigo Mentz
EDITOR: Marco Pace
EDITOR DE DESENVOLVIMENTO: Rafael Lima
ASSISTENTES EDITORIAIS: Larissa Nogueira e Letícia Gabriella Batista
ESTAGIÁRIA DE PRODUÇÃO: Laura Roberti
REVISÃO: Tamiris da Costa e Élcio Júnior

DIAGRAMAÇÃO: Almedina
DESIGN DE CAPA: Roberta Bassanetto

ISBN: 9786554271462
Julho, 2023

Dados Internacionais de Catalogação na Publicação (CIP)
(Câmara Brasileira do Livro, SP, Brasil)

Zimmer, Ianker
A mente revolucionária : provocações a
reacionários e revolucionários / Ianker Zimmer.
1. ed. – São Paulo : Edições 70, 2023.

ISBN 978-65-5427-146-2

1. Ciências políticas 2. Conservadorismo 3. Estado 4. Filosofia
5. Ideologia 6. Política I. Título.

23-155716 CDD-320

Índices para catálogo sistemático:

1. Ciências políticas 320

Henrique Ribeiro Soares – Bibliotecário – CRB-8/9314

Este livro segue as regras do novo Acordo Ortográfico da Língua Portuguesa (1990).

EDITORA: Almedina Brasil
Rua José Maria Lisboa, 860, Conj. 131 e 132, Jardim Paulista | 01423-001 São Paulo | Brasil
www.almedina.com.br

À minha amiga Fátima Daudt.

"É preciso ter querido morrer, Maximilien, para saber como é bom viver"

EDMOND DANTES
(Alexandre Dumas, *O Conde de Monte-Cristo* – 2017)

"Em todas essas coisas, porém, somos mais que vencedores, por meio daquele que nos amou."

Romanos, 8:37

"Sed in his omnibus superamus propter eum qui dilexit nos."

Romani, 8:37

INTRODUÇÃO

O breve livro que o leitor tem em mãos é um arranjo de ensaios que escrevi ao longo do ano de 2022. A obra tem como base cinco eixos principais, que são: 1) entendimento básico da formação do Estado Moderno; 2) estudo de caso da manipulação e da consolidação da opinião pública como parte preponderante nos processos políticos e revolucionários, em ambos os casos (1 e 2), o filósofo exerceu relevante influência nos séculos XVII e XVIII; 3) o indivíduo sob coação do coletivo social; 4) uma crítica repleta de sarcasmo ao pensamento revolucionário, baseada nos grandes personagens socialistas do século passado no mundo; e 5) uma ironia à escolha feita pelos eleitores brasileiros na eleição presidencial de 2022. Um ponto importante a mencionar: os capítulos a seguir, que se encontram dentro dos cinco eixos, são ensaios descontinuados.

Minha preferência por esse gênero textual, o ensaio, dá-se pela admiração que tenho pela vida e pela obra do ensaísta francês Michel de Montaigne (1533–1592). Vejamos: na segunda metade do século XVI, o herdeiro do título de "Senhor de Montaigne" decide deixar a vida pública, vende seu cargo e enclausura-se na torre de seu castelo. Opta por passar o resto de sua vida lendo os livros de sua vasta biblioteca própria e escrevendo seus ensaios. Com a publicação de

Essais[1], em 1580, Montaigne torna-se pai de um estilo literário: o ensaio pessoal. Numa série de ensaios descontinuados, Montaigne versa sobre as mais variadas questões humanas, políticas, sociais e históricas. Embora as reflexões de Montaigne sejam, em alguns momentos, uma "fotografia" de si próprio, seu raciocínio está calibrado pelo conhecimento absorvido dos grandes pensadores da história, entre os quais podemos citar Plutarco (46 d.C–120 d.C) e Ovídio (43 a.C–18 d.C). Montaigne afirma em trecho de seu Ensaios: "A primeira alegria que encontrei nos livros me foi dada pelo prazer das fábulas da Metamorfose de Ovídio".

Com todo o cuidado para não cometer a estupidez de me comparar ao gigante Montaigne, cito-o neste prólogo porque foi por meio de sua obra rica e instigante que me familiarizei com o gênero ensaístico. Montaigne é para mim uma referência também por sua ruptura com o mundo exterior. Em troca da vida social, o francês viu nos livros a melhor companhia para passar seus dias. Foi, de modo semelhante, ao lado dos livros que meus dias passaram a ser mais suportáveis durante a terrível depressão pela qual fui acometido nos últimos oito anos. Faço essa menção a Montaigne para que o leitor compreenda o contexto em que este livro foi escrito.

Com efeito, é justamente em acontecimentos dos dois séculos seguintes às aventuras literárias de Montaigne que se balizam os dois primeiros ensaios deste livro. É a partir da Revolução Gloriosa de 1688 que o Estado Moderno emerge na Inglaterra e se expande na Europa. O entendimento para a concepção desse novo Estado, o Estado Moderno, tem relevante influência de contratualistas como Thomas Hobbes (1588–1679) e John Locke (1632–1704). Logo adiante, as ideias do iluminista francês Jean-Jacques Rousseau (1712–1778), outro contratualista, e de Maximilien de Robespierre (1758–1794) fermentam-se até a eclosão da Revolução Francesa de 1789. Esta tem

---

[1] "Essais" é uma coletânea de ensaios do francês Michel de Montaigne, publicada pela primeira vez em 1580. Com a obra, Montaigne foi pioneiro no gênero literário ensaio.

como mais importante crítico o irlandês Edmund Burke (1729–1797), conservador que defendeu reformas graduais na sociedade. Tendo como arcabouço o Iluminismo do século XVIII, em que a opinião pública é balizada pelas ideias do filósofo, o homem de letras, busquei entender o papel do filósofo na formação da opinião pública contemporânea no Brasil.

Com um pitaco sobre vocação política, amparado em um fragmento do pensamento de Arthur Schopenhauer (1788–1860), e com uma reflexão sobre a dialética indivíduo *versus* coletivo, a primeira parte do livro é composta por textos não provocativos. Já na segunda parte, há um tempero mais apimentado, com provocações e ironias aos pensamentos e aos governos esquerdistas e revolucionários. A ironia e a provocação são a força-motriz também na parte terceira, que fecha este livro de ensaios, com uma análise sobre a tragédia do novo contrato com o lulopetismo assinado pelos brasileiros nas eleições de 2022.

Na organização e edição dos ensaios deste livro não houve demasiada preocupação de minha parte com formalidades textuais ou mesmo com alguma padronização linguística – até porque se os textos foram escritos em momentos diferentes, é natural que apresentem diferenças perceptíveis ao leitor. Assim, dou ênfase à originalidade, mesmo que isso comprometa, em maior ou menor grau, a estética do conjunto.

Ademais, agradeço ao meu editor da Almedina (Edições 70), o Marco Pace, por este projeto "sair do papel" e ir para o papel. Também sou grato ao amigo e referência de vida, general Roberto Jungthon, pelas preciosas sugestões. Por último, mas não menos importante, agradeço à minha bela e doce esposa Bruna Zimmer e aos amigos Prof. Mauro José da Silva e Hector Daudt pelas contínuas trocas literárias e filosóficas – que muito me enriquecem todos os dias.

Tenham uma boa leitura.

Novo Hamburgo, março de 2023.

IANKER ZIMMER

PRÓLOGO

"A Mente Revolucionária – Provocações a Reacionários e Revolucionários" é um livro destinado àqueles que se interessam por filosofia, política e comunicação. Reunindo ensaios inéditos e alguns outros reescritos de antigas publicações, por meio de uma linguagem clara e direta, Ianker discorre sobre conceitos formulados por autores consagrados na história do pensamento ocidental, revelando contradições da sociedade contemporânea no mundo e no Brasil.

A obra traz uma série de proposições que conduzem o leitor a (re)pensar e a refletir sobre diferentes perspectivas. Reflexões críticas, portadoras de argumentos capazes de questionar ideias e de refutar ideologias. Nessa senda, Ianker aponta que as posições extremadas acabam por acentuar as dificuldades que tentam superar.

Ao leitor é lançado o desafio de ampliar a compreensão acerca da complexidade própria da realidade em que vivemos. Visões de mundo simplificadas e dicotômicas embaçam as nuances inerentes à condição humana e à vida em coletividade, plenas em diversidade de interesses e aspirações.

O avanço civilizacional tem sido marcado pelo confronto de ideias e de ideologias, mantendo o mundo em permanente e contínua transformação. Sendo o pensamento revolucionário e o pensamento reacionário os norteadores das ações políticas que concretizam essa transformação, a imprescindível busca pela verdade e pela justiça requer espírito crítico e livre.

Com efeito, as provocações que faz Ianker dizem respeito ao cotejo entre fatos e suposições, sendo indispensável e indelegável a tarefa – individual e coletiva – de constantemente questionar ideias, ideologias, pensamento revolucionário e pensamento reacionário.

Assim, convido você, leitor, a embarcar nessa breve jornada pela história do pensamento ocidental, com paradas em diversos países e no Brasil. Que este livro o inspire a (re)pensar, refletir e questionar. Que as provocações sirvam de estímulo para a crítica construtiva e que o leitor, após o término desta leitura, tenha o espírito ainda mais livre.

Novo Hamburgo, 25 de abril de 2023.

General ROBERTO JUNGTHON

PREFÁCIO

Com imenso prazer, cumpro a honrosa incumbência deferida pelo jornalista Ianker Zimmer, de prefaciar a deliciosa obra "A Mente Revolucionária – Provocações a Reacionários e Revolucionários."

De leitura fácil e cativante, a obra em questão inaugura-se, naturalmente, por uma análise das ideias filosóficas de Hobbes, Locke e Rousseau, dentre as quais destaca-se o conservadorismo liberal – o autor afirma a coexistência pela ordem natural –, sustentado nos pilares básicos do direito à vida, à liberdade e à propriedade privada, conforme Locke.

A partir daí, perpassa o debate sobre a influência do homem pela sociedade, destacando, habilmente, na referência a Chesterton – e este por sua vez a Dunning/Kruger –, cimentando com propriedade que se existe um imbecil coletivo (cito o título de Olavo de Carvalho), há um percentual considerável de homens que não se submete a ele e até mesmo tem sobre ele a batuta ideológica.

Em passo adiante, Ianker dá tons específicos a sua obra, analisando proficuamente os mais destacados tiranos marxistas do século XX, incluindo aí Adolf Hitler e seu nazismo com digitais marxistas, trazendo a lume a metodologia dos tiranos: Apropriar-se de causas justas para dividir a sociedade e facilitar a dominação (falo sobre isso no artigo "A Senzala Ideológica") e a destruição – porque não consigo usar do eufemismo "desconstrução" – dos paradigmas da sociedade ocidental – a moral cristã-judaica, o direito romano e a filosofia grega.

Demonstra, nestes tópicos, o solo fértil do marxismo para as lideranças psicopáticas, o que se verifica nos tiranos e ideólogos da tirania citados pela obra – Mao, Stalin, Lenin, Trotsky e o próprio Hitler, o que pode ser facilmente identificado em outros tantos como Fidel Castro, Chavez e o nacional Lula da Silva.

Por derradeiro, o genial Zimmer afronta o duplipensar e as incoerências esquerdistas com 20 sentenças que lhe são fatais, faz uma análise do panorama nacional, donde concluo uma relação tipo "Síndrome de Estocolmo" entre a maioria do eleitorado de 2022 e o Lulopetismo.

Boa parte das temáticas do livro se desenvolvem entrelaçadas pela problemática do pensamento de Voltaire – "A opinião que governa o mundo e cabe a nós governar a opinião" –, sobre o qual o autor pergunta: quem governa a opinião do leitor? E aqui me permito dizer que na inspiração deste pensamento de Voltaire, deveras factual, norteou-se Antônio Gramsci – o maior fantasma do progresso humano e mundial – e estão a se nortear os novos ditadores e seus colaboradores dentre os poderes das nações, especialmente o Brasil, apropriando-se subrepticiamente dos meios de comunicação e das universidades, formando a juventude na redoma da estupidez manipulada à esquerda, o que, somado a outra manobra, o controle das redes sociais, nos apresenta péssimos horizontes. E precipuamente obras como a presente, com seus fatos históricos e ideias, podem promover uma verdadeira e legítima resistência social, tão necessária à manutenção da própria humanidade.

Porto Alegre, 04 de abril de 2023.

EUGÊNIO PAES AMORIM
Promotor de Justiça

SUMÁRIO

PARTE I

PARTE II

PARTE III

PARTE I

"No meio de um povo geralmente corrupto
a liberdade não pode durar muito."

EDMUND BURKE*

* *Fonte:* https://commons.wikimedia.org/wiki/Category:Edmund_Burke#/media/File:Edmund_Burke_by_James_Northcote.JPG

1.

THOMAS HOBBES, JOHN LOCKE E JEAN-JACQUES ROUSSEAU: ESTADO DE NATUREZA, ABSOLUTISMO E ESTADO MODERNO

Este texto foi idealizado no ensejo de propiciar um melhor entendimento sobre o Estado Moderno, atrelado ao trabalho de três renomados filósofos: Hobbes, Locke e Rousseau. O processo de formação desse Estado Moderno teve na Revolução Gloriosa de 1688 um marco. Nesse período, a Inglaterra passa por rupturas em seu sistema de governo. A implementação do sistema representativo, o Parlamento, torna-se um apogeu para seu desenvolvimento, o que viria a ocorrer nas demais democracias modernas. É nesse período que a Europa rompe com o feudalismo de forma definitiva, passa pelo mercantilismo até chegar ao capitalismo. Nesse cenário, o "burguês" é o arquétipo do indivíduo moderno. Sob a luz das ideias de Hobbes, Locke e Rousseau entendemos conceitos importantes desse processo de maturação política e social europeu. Conceitos como "estado de natureza", "estado civil" e "governo" balizaram as concepções modernas do Estado. Afirma John Locke (1632–1704) em sua obra *Segundo Tratado sobre o Governo*:

> Para compreendermos corretamente o poder político e ligá-lo à sua origem, devemos levar em conta o estado natural em que os homens se encontram, sendo este um estado de total liberdade para ordenar-lhes o agir e regular-lhes as posses e as pessoas de acordo com sua conveniência,

> dentro dos limites da lei da natureza, sem pedir permissão ou depender da vontade de qualquer outro homem (2005, p. 23).

Para o teórico político e filósofo inglês Thomas Hobbes (1588–1679), o governo deve ser forte. Entre um governo autoritário ou o estado de natureza, o autor de *Leviatã* defende o primeiro. É, portanto, diferente do pensamento de Locke, que assinala que a vida em um bom governo é quase sempre preferível, mas quando esse governo torna-se tirânico, a vida torna-se insuportável a ponto de a existência no estado de natureza ser considerada, em última instância, melhor. O pai do liberalismo, assim sendo, no caso de um governo autoritário, evocaria como égide social o estado de natureza.

As ideias de Locke, nesse aspecto específico, estão mais distantes das de Hobbes e bem mais próximas das de Jean-Jacques Rousseau (1712–1778), ainda que também difiram bastante deste último. Para Rousseau, o estado de natureza constitui-se como paraíso utópico. Segundo o contratualista, o governo, por si só, estabelece, ou institucionaliza, desde já, uma "dominação", para ele causadora de desigualdade social. Rousseau acreditava que a formação de uma estrutura civil deve fundar-se sobre a maturidade do tecido composto pelo estado de natureza – que, no campo hipotético, afasta-se de qualquer intervenção moral, política ou social – até o momento propício ao estabelecimento de um bom governo. Essa transição, trabalhada por Rousseau em seu *Contrato Social*, deve ser natural, orgânica e jamais imposta. Para ele, o indivíduo corrompe-se ao afastar-se do estado de natureza e ter contato com a sociedade, com os costumes e com a moralidade. Para Rousseau, a propriedade privada também é responsável pela degradação da humanidade.

O objetivo do *Contrato Social*, assim sendo, está em cimentar e legitimar as bases para que ocorra a transposição do estado de liberdade natural do homem à liberdade convencional, no que tange a uma nova organização social.

1.1. Thomas Hobbes e o absolutismo

Se é verdade que Hobbes foi defensor do absolutismo, precisa-se reconhecer que o filósofo inglês não foi adepto da teoria de Jacques Bossuet (1627–1704), que estabelecia o direito divino aos reis. Se considerarmos a época e o contexto em que Hobbes estava inserido, podemos julgar o ato como um avanço democrático.

Quando se critica um teórico dessa estirpe, portanto, faz-se essencial uma imersão histórica no contexto ao qual o autor escreve, sob pena de cair em erro e até em anacronismo. O fim do direito divino do rei foi um avanço significativo de pensamento para a época de Hobbes – que teve outras tantas contribuições de ideias. Para o filósofo, qualquer vida sob um governo (e qualquer governo) ou estado civil, seria sempre melhor que qualquer vida no estado de natureza – a condição de vida em sociedade sem governo. De acordo com Hobbes, o mais absurdo abuso de uma autoridade seria melhor que a ausência de alguma autoridade. Ou seja, quanto mais absoluto e arbitrário o governo, melhor seria a vida em sociedade. Hobbes, pode-se afirmar, tem um papel positivo na história do liberalismo como um precursor, por ter postulado a legitimidade e função do Estado não com base em um direito divino, mas em uma concepção contratualista, que inclusive valorizava a proteção de interesses dos súditos, tais como a condução de seus negócios privados. Entretanto, ele não conseguiu dar o passo seguinte: reconhecer limites ao poder dos ocupantes desse Estado que ele desejava. Isso torna seu pensamento autoritário, e, obviamente, não liberal.

1.2. Rousseau

Como elipse, não é de todo errado afirmar que Rousseau faz a defesa "lírica" de que o indivíduo nasce para viver fazendo piquenique como homem "livre", mas é "corrompido" por outrem. Assim sendo, para conservar a "liberdade" natural do homem e, paralelamente, garantir a segurança e o bem-estar da sociedade, Rousseau propõe um contrato social em que o coletivo ganha protagonismo. Suas ideias, por isso mesmo, exercem grande influência para a eclosão da Revolução Francesa de 1789, em que pregava-se uma "igualdade humanitária", porém, de fato, como a história comprova, resultou em uma guilhotina igualitária. Nem mesmo Robespierre, um dos grandes ícones da Revolução Francesa, foi poupado, sendo guilhotinado em Paris, em 1794. As ideias de Rousseau são um prólogo para o pensamento da esquerda. O filósofo iluminista foi um precursor para as ideias hoje defendidas pelas esquerdas, ao fomentar e formatar o senso de coletivismo, de antipropriedade privada e de igualitarismo, além de influenciar o rompimento com os valores tradicionais predominantes na civilização ocidental.

Contudo, é um erro tratar Rousseau por socialista, de acordo com o jornalista e escritor brasileiro Lucas Berlanza. Segundo ele, o pensador genebrino, que lidou com o caldo conturbado de conceitos e teses que emergiam em sua época de maneira bastante particular, construiu uma filosofia repleta de abordagens dúbias, que abriram brechas a desenvolvimentos bastante perniciosos. Seu desprestígio à propriedade privada, sua supervalorização dos formalismos e instituições externas da sociedade como principais causas dos desvios morais humanos, a maneira pela qual desenvolveu seu conceito de "vontade geral" – aberta a consequências perigosamente totalitárias – e seu desprezo pelo sistema representativo parlamentar são alguns dos aspectos de seu pensamento que podem ser considerados avós das ideologias de esquerda.

1.3. O liberalismo de John Locke

A conhecida frase de John Locke "[...] onde não há lei, não há liberdade" dá luz a seu pensamento. O filósofo inglês defende as ideias liberais, como o direito à vida, à propriedade privada e à liberdade, mas sob um governo regido por leis. Rousseau, no entanto, alega que o indivíduo em sua liberdade civil é autônomo e autodetermina-se obedecendo as leis instituídas por ele próprio. Se em seu *Primeiro Tratado* Locke determina-se em refutar as ideias apresentadas na obra *Patriarca* (1680), do absolutista e também defensor do direito divino dos reis, Robert Filmer (1588–1653), é no *Segundo Tratado sobre o Governo* que ele expõe suas próprias ideias. Se na primeira obra, portanto, Locke escreve o que entende que não deve ser feito, na segunda ele cimenta seu pensamento propositivo. Locke afirma:

> O estado natural tem uma lei de natureza para governá-lo, que a todos obriga: e a razão, que é essa lei, ensina a todos os homens que a consultem, por serem iguais e independentes, que nenhum deles deve prejudicar a outrem na vida, na saúde, na liberdade ou nas posses (2005, p. 24).

Locke aqui fala do estado de natureza para justificar sua defesa das liberdades individuais citadas anteriormente, o que é diferente de abdicar de um governo civil e deixar que o fluxo da natureza humana por si só autodetermine as suas relações. É necessário, portanto, um governo, um bom governo, e leis, desde que elas não interfiram nas liberdades essenciais defendidas por Locke. Para Berlanza, as ideias de Locke, em desenvolvimento às concepções contratualistas de autores como Hobbes, coroaram de forma mais sistemática o ideário do whiggismo no Reino Unido, triunfante com a Revolução Gloriosa. Destaca Berlanza em entrevista concedida a este autor:

> Com clareza, em seu Segundo Tratado sobre o Governo Civil, Locke subordina a legitimidade do Estado ao respeito que este devote a certos direitos fundamentais do indivíduo. Ao fazê-lo, ou seja, ao exaltar a tríade vida-liberdade-propriedade e valorizar o Poder Legislativo, a filosofia de Locke torna-se capítulo crucial da história do liberalismo, justificando-se tratá-lo como 'pai' dessa tradição, ainda que, simultaneamente, o próprio Locke seja resultado do longo desenvolvimento do individualismo ocidental.

1.4. O Estado Moderno

É nesse cenário filosófico e contratualista que o Estado Moderno ganha corpo e se estabelece, se solidifica. O fim do sistema feudal, as novas concepções de Estado, de política e de sociedade são influenciadas pelos filósofos que trafegam na linha do próprio fluxo da evolução da sociedade entre o Renascimento e o Iluminismo. O acontecimento mais determinante para a consolidação desse novo Estado Moderno, contudo, encontra-se na separação dos poderes na Inglaterra. O rei perde o poder absoluto com a primeira repartição de Poder que ocorre com a criação do Parlamento do Reino Unido, em 1707.

É na Inglaterra de Thomas Hobbes e John Locke que surge um Parlamento imponente, com ideal de representatividade. Aos poucos, quase que de século a século, na figura do rei concentra-se menos poder. Depois do Poder Legislativo, o próximo passo é a perda do Poder Judiciário até concretizar-se a hexapartição dos poderes[1]. No Reino Unido atual, o monarca possui apenas as "prerrogativas reais", sendo um chefe de Estado. A chefia de Governo fica nas mãos do primeiro-ministro, que é eleito e toma posse já com maioria no Parlamento – o que propicia uma melhor e mais tranquila governabilidade, visto que, ao ter essa maioria, inicia o mandato já podendo implantar as políticas e os programas de governo.

Além dos quatro Poderes listados acima (o monarca, o Judiciário, o Parlamento e a chefia de Governo), que definem o sistema macropolítico do parlamentarismo britânico, há dois outros Poderes situados em um campo mais plano: um que abrange o administrativo e outro uma esfera judicial horizontal.

O fato é que os três autores pilares deste estudo (Hobbes, Locke e Rousseau) deixaram suas digitais na formatação do Estado Moderno, para o bem ou para o mal. Rousseau, por exemplo, foi inspiração para

---

[1] O autor explica o processo de hexapartição dos poderes ocorrido na Inglaterra em seu livro A Filosofia do Fracasso: ensaios antirrevolucionários (Maringá: Viseu, 2020)

a já citada Revolução da França, que, por sua vez, impactou todo o Ocidente. Foi nessa França revolucionária que surgiram os termos, politicamente falando, direita e esquerda.

O Estado Moderno, como novo modelo de organização política das sociedades, é fruto de uma série de rupturas, de novas ideias políticas e filosóficas aliadas ao curso natural da própria evolução dessas sociedades. Não houve um "salto" do modelo feudal da Idade Média até esse novo Estado composto por poderes e instituições bem definidos, com burocracia administrativa, moeda, tributos e centralização política em capitais e leis. A formação desse novo Estado deu-se mediante um processo lento, gradativo e complexo, embora com algumas rupturas mais radicais, como a supramencionada Revolução Francesa. É nesse modelo de reformas gradativas, o que não ocorreu na Revolução Francesa, que reside a visão do filósofo e político irlandês, pai do conservadorismo moderno, Edmund Burke (1729–1797), tão citado ultimamente nas rodas intelectuais conservadoras. Outros tantos pensadores foram essenciais nesse processo de Estado Moderno, como Adam Smith (1723–1790), pai da economia moderna, e Montesquieu, por exemplo.

O Estado Moderno trouxe com ele os direitos do indivíduo (citados por Locke), a representatividade política, um contexto de ordem, leis e instituições estabelecidas, e outros imensuráveis avanços para as sociedades no mundo.

"A dúvida é a origem da sabedoria."

RENÉ DESCARTES*

* *Fonte:* https://commons.wikimedia.org/wiki/Ren%C3%A9_Descartes#/media/File:Frans_Hals_-_Portret_van_Ren%C3%A9_Descartes.jpg

"Não há moral na política. Há apenas a conveniência."

VLADIMIR LENIN*

* *Fonte:* https://commons.wikimedia.org/wiki/Category:Vladimir_Lenin#/media/File:Vladimir-Ilich-Lenin-1918.jpg

2.

O FILÓSOFO E SEU PAPEL: BREVE ANÁLISE DA INFLUÊNCIA DOS HOMENS DE LETRAS NA OPINIÃO PÚBLICA NO BRASIL ATUAL

Este ensaio tem como ponto de partida as reflexões oriundas de um estudo que fiz, entre 2019 e 2020, sobre o comportamento das "bolhas da internet", compostas por pessoas que, no discurso, defendem a liberdade de pensamento individual e a democracia, mas que, na prática, demonstram não tolerar a divergência ou qualquer abordagem que não esteja rigorosamente alinhada ao pensamento predominante em sua bolha coletiva, sobretudo no que tange a questões políticas e ideológicas. O estudo foi desenvolvido em brevíssimo ensaio publicado em meu livro *República Democrática do Pensamento Único: o papel da imprensa, o Estado controlador e a liberdade de pensamento no Brasil.* Reflexões sobre os motivos desse comportamento controverso, que não dialoga com os princípios da cidadania, sucederam-se após a publicação do ensaio. Nesse cenário, surge a proposta deste ensaio, que coloca os holofotes sobre o filósofo enquanto formador de opinião no Brasil das bolhas da internet. O ponto de partida é o auge dos filósofos, durante o Século das Luzes, na França.

2.1. A opinião pública

A opinião pública pode ser dividida em antes e depois da Reforma Protestante. Com Lutero, há uma disrupção frente ao absolutismo da

Igreja Católica, com mudanças religiosas, políticas e sociais em toda a Europa. De acordo com Oliveira e Oliveira (2020), "os abalos que a Reforma Protestante provocou no Estado absolutista e nas sociedades do século XVI [...] possibilitaram criar uma ainda incipiente opinião pública". D'Almeida salienta que:

> [...] o surgimento da opinião pública, nos países da Europa Ocidental, durante o período que vai do século XVI ao século XVIII, também conhecido como Antigo Regime, foi algo de grande impacto, a ponto de alguns autores, talvez exageradamente, considerarem a opinião pública um conceito fundador da própria modernidade (2014 apud OLIVEIRA; OLIVEIRA, 2020, p. 11).

2.2. O Século das Luzes e a opinião pública

Mesmo com a Reforma Protestante e com outros movimentos disruptivos ocorridos na Europa dos séculos XVI a XVIII, como a Revolução Gloriosa de 1688, a França segue absolutista nesse período. Contudo, como lemos em Tétart (2000), é no século VXIII que grandes mudanças no cenário ocorrem, pois essa é uma "época de abertura para o mundo e de uma laicização das opiniões. [...] os quadros mentais herdados da Idade Média e da primeira modernidade explodem" e a configuração de religião e de monarquia vigentes estão com os dias contados. Dentre muitos outros fatores que contribuem para tais mudanças na França, está a força da opinião pública, que sofre influência dos "homens de letras"[1] – os filósofos.

Durante o Iluminismo na França, o homem de letras exerce influência sobre a opinião pública. Os soberanos dos principais países da

[1] Na França iluminista, assim como em toda a Europa do século XVIII, o termo "intelectual" não era utilizado. Para se referir aos eruditos (os filósofos, os pensadores e os estudiosos da época), era empregada a expressão "homens de letras".

Europa observam esse fenômeno social e fazem movimentos a fim de atrair o homem de letras para seu lado. Se o filósofo influencia a opinião pública, e o soberano tem o filósofo, logo, o soberano tem a opinião pública ao seu lado.

2.3. Contextualização, movimentos políticos na Europa iluminista e problemática da opinião pública

"É a opinião que governa o mundo, e cabe a vós governar a opinião", escreveu Voltaire a seu amigo, o filósofo enciclopedista Jean le Rond d'Alembert (1717–1783), em 1767, na França, conforme lemos em Badinter (2009). O contexto em que é enunciado o conselho de Voltaire é o seguinte: na França iluminista da segunda metade do século XVIII, os filósofos gozam de prestígio, e suas ideias influenciam sobremodo a sociedade. François-Marie Arouet de Voltaire (1694–1778), conhecido popularmente como Voltaire, "[...] desfrutou extraordinária fama que lhe valeu a amizade de Frederico, o Grande, da Prússia e de Catarina da Rússia. Seu êxito e sua influência foram incomparáveis no século XVIII", como lemos em Marías (2004). O rei da França nesse período é Luís XV, que exerce a soberania de 1715 a 1774 até ser sucedido por Luís XVI, que por sua vez reina até 1792, quando é guilhotinado pelos totalitários da Revolução Francesa.

Além de Voltaire, outros "homens de letras" são disputados pelos soberanos. D'Alembert, por exemplo, foi "assediado" pela czarina Catarina (1729–1796) e por Frederico II da Prússia (1712–1786). Ambos os soberanos tinham consciência da relevância do trabalho de D'Alembert, coautor da *Enciclopédia*[2], e de seu prestígio frente à sociedade, como salienta Badinter (2009).

[2] Diderot e D'Alembert foram os editores da *Enciclopédia*, porém outros importantes "homens de letras" colaboraram com o trabalho, como Voltaire, Montesquieu, Rousseau, Turgot e Holbach.

Catarina tentou de muitas formas persuadir o "homem de letras" parisiense a partir para a Rússia. A czarina propunha a D'Alembert que concluísse sua *Enciclopédia* em São Petersburgo. Ela tinha um objetivo específico: que o filósofo educasse seu filho. D'Alembert, no entanto, alega problemas de saúde e recusa a oferta, mas, em carta que escreve depois da resposta negativa, demonstra gratidão pelo convite. O fato é muito comentado nas academias de Paris e pela imprensa. Escreve também D'Alembert a Voltaire para justificar-se: "[...] sofro excessivamente de hemorroidas, elas são por demais perigosas naquele país, e eu quero sofrer do traseiro com toda a segurança" (BADINTER, 2009). Por coincidência, a czarina perdeu seu marido, Pedro III, em 7 de julho de 1762, vítima de "cólica hemorroidal".

D'Alembert, outrossim, é desejado por Frederico II da Prússia, que, na mesma década do cortejo feito por Catarina, o leva a seu palácio. O filósofo hospeda-se durante semanas nos aposentos do soberano prussiano. Frederico, por sua vez, não desperdiça tempo e investe para convencer D'Alembert a permanecer em seu país de forma definitiva. Para tanto, oferece-lhe a presidência da Academia de Berlim. Frederico, destaca Badinter, demonstra amizade e admiração pessoal pelo filósofo francês:

> [...] o rei manteria amizade com o filósofo até a morte deste. Haverá, inclusive, episódios em que o monarca, que não tem propriamente fama de ser um grande coração [sic], dará mostra de delicadeza de sentimentos em relação a ele (2009, p. 45).

D'Alembert, todavia, apesar de considerar a amizade e admiração de Frederico, sente-se impaciente, pois vê a vida em Berlim monótona e retorna à Paris. O protagonismo da opinião pública foi de grande valia para o Estado Moderno e o surgimento do Estado-nação e da própria democracia liberal, de acordo com Oliveira e Oliveira, que destaca:

> Desse modo, uma nova e fundamental etapa foi alcançada, no surgimento da opinião pública, durante o século XVII, com a Revolução

Inglesa, e no XVIII, com o Iluminismo e a Revolução Francesa, ao produzir uma transformação radical na realidade social e política, o que faria com que a opinião pública passasse a ter uma existência concreta e duradoura (2020, p. 15).

2.4. Opinião pública, socialismo e filosofia na contemporaneidade

Se no período do Iluminismo na França o filósofo ou o "homem de letras" exercia uma impactante influência sobre a opinião pública, a ponto de chegar-se à eclosão da Revolução da França de 1789 – com notável influência das ideias de Jean-Jacques Rousseau (1712–1778) e de Maximilien de Robespierre (1758–1794) –, nos séculos XX e XXI qual influência sobre a opinião pública exerce o filósofo? Quem governa a opinião nesse período?

Na primeira metade do século passado, por exemplo, destacou-se na Alemanha nazista o estilo de narrativa propagandista de Joseph Goebbels, um dos homens mais influentes de Hitler. Os bolcheviques Lenin e Trotski fizeram uso do poder da retórica para influenciar as massas operárias na URSS. Com Stalin, a arte, por meio do cinema e até mesmo de poetas como Maiacovski, foi preponderante na defesa do governo.

Na filosofia, Friedrich Wilhelm Nietzsche (1844–1900) impactou profundamente o pensamento ocidental no século XIX. Sua crítica à moral e à religião é discutida até os dias de hoje. Tal qual fez Roger Scruton (1944–2020) na segunda metade do século XX, mas como crítico ao socialismo. O britânico exerceu influência filosófica e ideológica no Leste Europeu, com relevante trabalho contrarrevolucionário nos países da Cortina de Ferro, que estavam divididos geograficamente pela Guerra Fria – todos sob domínio das ideias socialistas.

No século XX, o filósofo divide espaço com sociólogos, jornalistas, historiadores, psicólogos, escritores, artistas, políticos e com a própria mídia na influência da opinião pública.

2.5. A opinião no Brasil nos tempos de AI-5

Durante o Regime Militar no Brasil, que durou de 1964 a 1984, o governo fez uso de propaganda na televisão, no rádio e no jornal impresso para se comunicar com o povo. O governo de Artur da Costa e Silva, por meio do Ato Institucional Número Cinco (AI-5), promulgado em 13 de dezembro de 1968, cerceou o trabalho de formadores de opinião no país, em maioria jornalistas e cronistas com atuação na imprensa. A liberdade de expressão e de opinião foi sequestrada.

Como podemos ler em Castello Branco (1978, p. 9), o Ato Institucional Número Cinco decretou "por tempo indeterminado a suspensão das garantias constitucionais", o que atribuiu "uma soma de poderes ao então presidente da República, Marechal Artur da Costa e Silva, jamais conhecida na história nacional". Sobre a ditadura, discorre Gaspari:

> Escancarada, a ditadura firmou-se. A tortura foi o seu instrumento extremo de coerção e o extermínio o último recurso da repressão política que o Ato Institucional Número Cinco libertou das amarras da legalidade. A ditadura envergonhada foi substituída por um regime a um só tempo anárquico nos quartéis e violento nas prisões. Foram os Anos de Chumbo (2002, p. 13).

A censura à imprensa foi uma das marcantes características do período de dez anos de duração do AI-5. Em 31 de dezembro de 1978, no entanto, "a 73 dias antes da conclusão de seu mandato", o então presidente Ernesto Geisel termina com o Ato Institucional n°5, sobre o qual escreve Gaspari:

> O instrumento parajurídico que vigorara por dez anos, por meio do qual o presidente podia fechar o Congresso, cassar mandatos parlamentares e governar por decretos uma sociedade onde não havia direito a *habeas corpus* em casos de crimes contra a segurança nacional (2002, p. 35-36).

2.6. O filósofo como formador de opinião na era da revolução digital

Nas décadas de 1960 a 1990, o jornalista é o principal formador de opinião no Brasil, com alcance em meios de comunicação como rádio, televisão, revista e jornal impresso. Esse período tem como expoente o jornalista político e cultural Paulo Francis, que além de assinar suas colunas ásperas na Folha de São Paulo e depois no Estadão, torna-se comentarista televisivo no Jornal da Globo. Um ícone do jornalismo de opinião!

Com o advento das redes sociais, houve uma pluralização de ideias. Ferramentas capitalistas como Facebook, Instagram e YouTube propiciaram a maior democratização de ideias já vista no Brasil, por meio de "inclusão digital". Com as redes, pessoas saíram do anonimato e tornaram-se celebridades influenciadoras. Alguns filósofos já renomados obtiveram ainda mais alcance, entre os quais cita-se Luiz Felipe Pondé, Leandro Karnal (que é historiador por formação acadêmica) e Mário Sérgio Cortella – que virou inclusive personagem de imitação no programa *A Praça é Nossa*, do SBT, tamanha sua popularidade. Outro protagonista nas redes sociais foi o filósofo brasileiro Olavo de Carvalho (1947–2022), que exerceu consistente influência política e ideológica em seus seguidores no Brasil – incluindo o ex-presidente da República, Jair Messias Bolsonaro, e seus filhos.

2.7. Um pequeno estudo de caso

Observemos os gráficos a seguir para tentar mensurar o alcance em redes sociais dos quatro principais filósofos contemporâneos brasileiros: Luiz Felipe Pondé, Leandro Karnal, Mário Sérgio Cortella e Olavo de Carvalho. A métrica utilizada contempla o número de seguidores de cada um dos quatro filósofos nas respectivas redes sociais: Facebook, Instagram, YouTube e Twitter.[3]

---

[3] Dados extraídos das contas dos filósofos nas redes sociais em dezembro de 2022 pelo próprio autor.

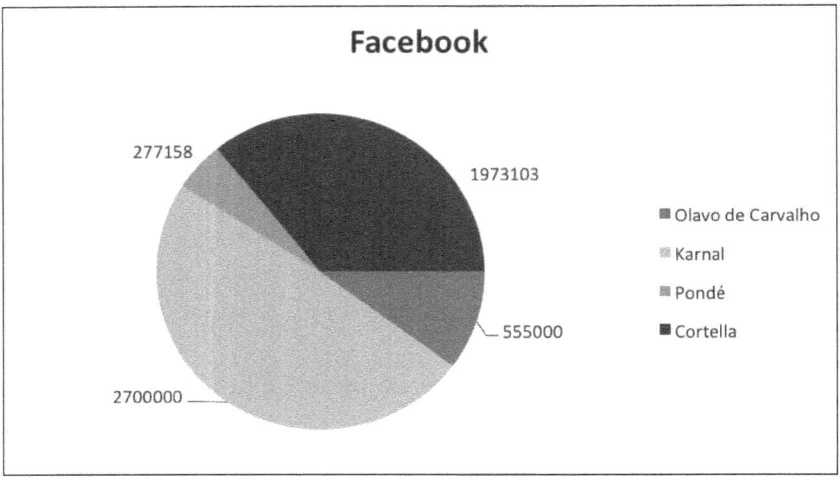

Faz-se importante uma observação: o filósofo Olavo de Carvalho também possui um perfil para amizades no Facebook, com 4.366 amigos e 580.698 seguidores. Todavia, devido à provável duplicidade de seguidores desse perfil com a página oficial de Olavo de Carvalho, considerou-se para a análise somente a segunda (página).

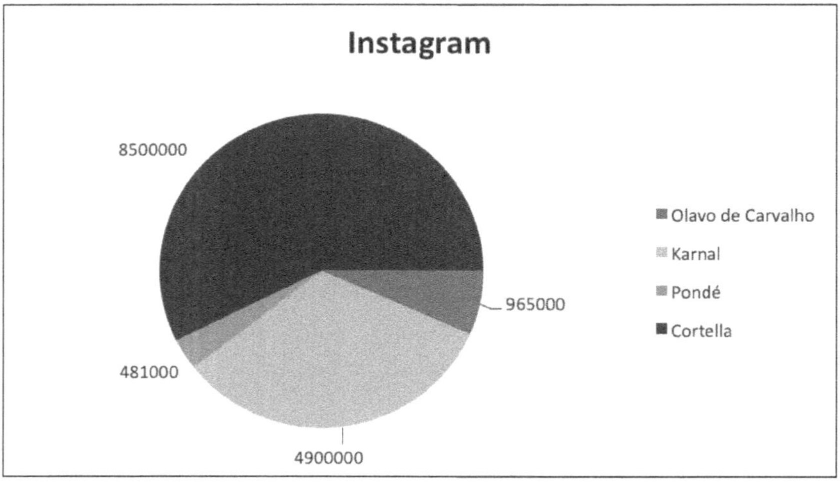

Outra observação: há uma página no Instagram em homenagem a Olavo de Carvalho com 1.2 milhão de seguidores, administrada por *@thiagoleorne.*

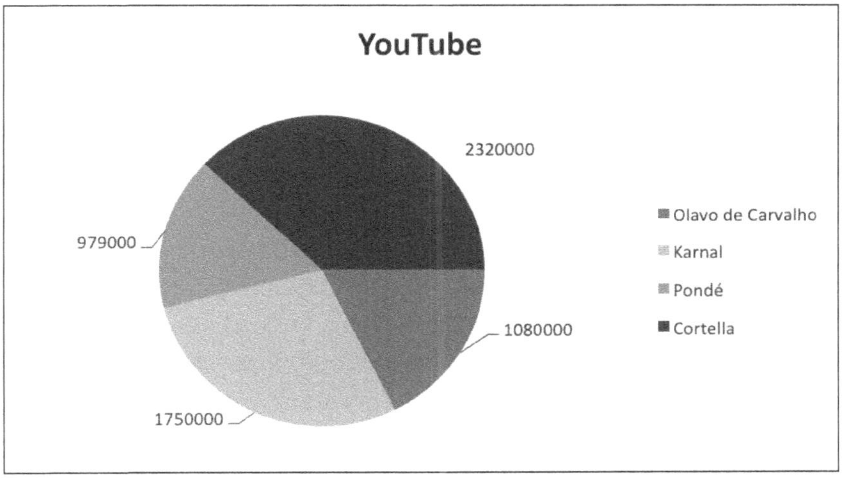

Para a plataforma YouTube, considera-se "inscrito" no canal, em vez de "seguidor".

Constam no Twitter duas contas para Olavo de Carvalho. Optei, para a métrica, pela conta com o maior número de seguidores.

Neste trabalho, é importante ressaltar, não mencionei todos os principais nomes da filosofia no mundo, que vão de Sócrates, Platão e Aristóteles até os filósofos dos dias atuais. Atentei-me a um recorte que parte do Iluminismo, já na solidificação do Estado Moderno, até chegar à contemporaneidade. Por filósofo, termo oriundo do grego (amante da sabedoria), pode ser considerado aquele que pratica a filosofia em si. Para este ensaio, entendo por filósofo aquele que exerce a filosofia como profissão e que materializa seu trabalho filosófico como escritor, professor, criador de conteúdo ou até mesmo como palestrante, seja ele oriundo da academia ou não.

Observa-se que o filósofo Mário Sérgio Cortella tem o maior número de seguidores entre os quatro analisados. Em segundo lugar encontra-se Leandro Karnal. Ambos estão à frente em número de seguidores em relação a Olavo de Carvalho e a Luiz Felipe Pondé. Contudo, chama a atenção que no Twitter, Cortella e Karnal ficam atrás de Carvalho e de Pondé em número de seguidores. Evitou-se, saliento, um gráfico final com a soma dos seguidores/inscritos dos filósofos nas quatro redes sociais analisadas por conta da provável duplicidade de seguidores nas respectivas plataformas. Ou seja, uma mesma pessoa pode seguir o filósofo em mais de uma plataforma.

Neste trabalho, não tenho qualquer pretensão de fazer afirmativas, tampouco de chegar a algum esgotamento do tema proposto. O ceticismo é um dos pilares da filosofia. Baseado nesse princípio, o breve estudo busca instigar o leitor a uma mais ampla e profunda investigação a respeito da discussão proposta: o filósofo e sua influência na opinião contemporânea no Brasil. O que leva os quatro filósofos analisados a terem tamanho destaque nas redes sociais? Quais suas diferenças e como essas diferenças podem influenciar em maior ou menor grau seu alcance nas redes?

Outro ponto a ser trabalhado posteriormente é o impacto do filósofo em seu seguidor nas redes sociais. A começar, por exemplo, como esse seguidor se comporta nos comentários das postagens dos filósofos seguidos? Ele compartilha tais publicações? Se sim, ele forma e manifesta opinião nesses compartilhamentos (fazendo descrição/texto sobre a postagem)? São perguntas que podem ser respondidas em uma próxima pesquisa.

⁂

O filósofo está presente nas discussões da atualidade no Brasil – e não apenas na vida acadêmica: ele se destaca também nas redes sociais. Todavia, não há qualquer protagonismo do filósofo nesse processo. Agora, ele é apenas mais um na grande malha das redes sociais, que conta, por exemplo, com os "youtubers". O polêmico influenciador Felipe Neto tem quase 50 milhões de inscritos em seu canal no YouTube. Número que se equipara com a soma de seguidores dos quatro filósofos mais populares do Brasil.

O tradicional jornalista de opinião é outro que perdeu espaço, que agora é dividido não apenas com os "influencers", mas também com o João, com a Maria e com o Marcos – todos opinadores e criadores de conteúdo em suas redes. Os jornais impressos entregam uma mensagem velha, atrasada e ultrapassada e perdem espaço a cada dia. São a notícia de ontem, do passado. Quem está disposto a pagar e sujar as mãos com tinta para ler notícias de ontem? Poucos. É a notícia o carro-chefe que faz vender o jornal. O colunista de opinião é, na maioria dos casos, apenas um bônus oferecido em meio a outras editorias mais importantes – e mais lidas. E uma vez que as pessoas não dependem mais de jornal impresso para se informar, o jornalista de opinião desse tipo de mídia perde ainda mais espaço. Com isso, esse jornalista migra para as redes sociais, onde ele passa a ser apenas mais um, e disputa espaço com o João, com a Maria e com o Marcos.

A internet acabou com o monopólio da influência na opinião pública. Nossos Voltaires e D'Alemberts de hoje são, com maior ou menor poder de persuasão e alcance, cada usuário de rede social – o grande palco dos embates e debates filosóficos da atualidade.

⁂

Se na França iluminista do século XVIII o soberano alia-se ao filósofo, no Brasil atual, dos quatro filósofos analisados, apenas um, ao menos de forma explícita, foi aliado a um presidente da República: trata-se, obviamente, de Olavo de Carvalho – conhecido por muitos como ex-guru de Jair Messias Bolsonaro.

O filósofo, que morreu em 2021, residia no estado americano da Virgínia, em Richmond. De seu escritório, no interior da vasta biblioteca pessoal, o polêmico professor angariou milhares de seguidores não somente nas redes sociais, mas também em seu curso de filosofia ministrado pela internet. Com a eclosão das manifestações políticas de 2013 e após o escândalo do Petrolão, o filósofo tornou-se um símbolo de oposição ideológica ao Partido dos Trabalhadores. Suas ideias incisivas e a linguagem afiada conquistaram milhares de seguidores e alunos. No entanto, a postura reacionária do filósofo, que criticava inclusive as ideias liberais e protestantes, atraiu outros milhares de desafetos nos próprios grupos da direita brasileira.

Para o jornalista e escritor Lucas Berlanza:

> a posição de Olavo de Carvalho como um impulsionador de um fenômeno de popularidade de teses conservadoras e até liberais no Brasil, dentro do fenômeno que ficou conhecido como "nova direita", é inegável, e até certo ponto seria natural que um presidenciável disposto a dialogar com esse universo não ficasse indiferente a isso. Porém, claramente havia um espírito de "agitação permanente" nos meios ditos "olavistas" que conquistou espaço na base bolsonarista e entre os filhos do presidente – o que se percebe, por exemplo, no primeiro ano do mandato, quando Carlos Bolsonaro e parte robusta da militância semearam acusações explícitas de golpismo contra outras esferas do governo, entre elas os militares e o próprio vice-presidente Mourão. Essa mentalidade de "agitação permanente" não poderia ser positiva para nenhum governo, porque governo nenhum deveria ter interesse no caos. Isso, sem sombra de dúvidas, foi muito prejudicial (2022, entrevista).

Sobre a influência de Olavo de Carvalho a Jair Bolsonaro, destaca Berlanza:

> poderíamos mencionar a adesão ou ao menos a admissão hipotética de teses bastante esdrúxulas do ponto de vista científico nos meios bolsonaristas como algo que também víamos nos meios olavistas e em que talvez haja uma relação – Olavo, por exemplo, disse considerar a teoria da Terra Plana uma tese respeitável e criticava a falta de esforço em rebatê-la com argumentos, comentário que, francamente, a meu ver, não faz sentido algum –, mas não sei dizer exatamente em que medida,

> já que esse fenômeno também tem contrapartes no exterior, a exemplo dos Estados Unidos. Porém, é tudo mais um efeito de comportamentos e posturas públicas do que de uma influência intelectual efetiva sobre o presidente. Tenho sérias dúvidas de que Bolsonaro tenha feito qualquer coisa além de se exibir ao lado dos livros do Olavo (2022, entrevista).

Conforme o pensamento exposto por Berlanza, houve uma aliança de Bolsonaro com Olavo de Carvalho mais por conveniência do que por influência intelectual. O que é diferente, por exemplo, do que ocorreu com Margaret Thatcher, que estudava as teorias do economista austríaco Friedrich Hayek (1899–1992), e era uma hayekiana confessa, inclusive. Bolsonaro não tem e nunca teve esse estofo intelectual, mesmo que para absorver conscientemente as partes nocivas das ideias de Olavo.

Uma coisa é certa: alguém está neste momento exercendo influência sobre outro alguém. É assim que se constroem as relações sociais. Filósofos, escritores, jornalistas, a grande mídia, professores, colegas de trabalho, o padeiro, o amigo da academia, familiares: todos nos influenciam. Por sua vez, essas pessoas também são influenciadas por meio de trocas, de relações. A sociedade nos coloca contra a parede o tempo todo, mesmo – e na maioria das vezes – sem percebermos. O "politicamente correto" é um exemplo disso.

Para o jornalista americano Henry Louis Mencken (1880–1956), "o homem mais perigoso para qualquer governo é aquele capaz de pensar por si mesmo". É por causa disso que, como lemos, ao longo da história governos tentam influenciar o indivíduo para que este não exerça o livre pensamento. Quem governa a sua opinião?

"Um estado é melhor governado quando tem poucas leis, e essas leis são estritamente observadas."

RENÉ DESCARTES*

---

* *Fonte:* https://commons.wikimedia.org/wiki/Ren%C3%A9_Descartes#/media/File:Frans_Hals_-_Portret_van_Ren%C3%A9_Descartes.jpg

"As criaturas de fora olhavam de um porco para um homem,
de um homem para um porco e de um porco para um homem outra vez;
mas já era impossível distinguir quem era homem, quem era porco."

GEORGE ORWELL (A REVOLUÇÃO DOS BICHOS)*

---

* *Fonte:* https://commons.wikimedia.org/wiki/Category:George_Orwell#/media/File:George_Orwell,_c._1940_(41928180381).jpg

3.

MAX WEBER, SCHOPENHAUER, FHC E LIÇÕES SOBRE VOCAÇÃO POLÍTICA

Em *A Arte de escrever*, Arthur Schopenhauer nos expõe seu pensamento sobre vocação. Leiamos um trecho:

> Diletantes, diletantes! – Assim os que exercem uma ciência ou uma arte por amor a ela, por alegria, *per il loro diletto* [pelo seu deleite], são chamados com desprezo por aqueles que se consagram a tais coisas com vistas ao que ganham, porque seu objeto dileto é o dinheiro que têm a receber. [...] No entanto, só se dedicará a um assunto com toda a seriedade alguém que esteja envolvido de modo imediato e que se ocupe dele com amor, *con amore*. É sempre de tais pessoas, e não dos assalariados, que vêm as grandes descobertas (2020, p. 23).

Assim que li o texto, meu cérebro automaticamente substituiu "ciência ou uma arte" por "carreira política", o que me levou a fazer buscas nos escritos de Max Weber (1864–1920). Para o sociólogo alemão, somos todos políticos ocasionais. Quando tomamos lado na política, seja por meio de algum protesto ou aplauso a determinado agente político, seja em alguma conversa política ou até mesmo, nas democracias modernas, mediante o voto, agimos de forma política. De um modo ou de outro, cedo ou tarde, influímos na ocupação dos espaços de poder nas estruturas políticas. Há também os "políticos profissionais", que, conforme Weber, surgem com o Estado Moderno. Em A vocação política (1918, p. 76), contudo, Weber profere: "o profissional [político] é desprezado na 'sociedade respeitável'. Busca apenas o poder, o poder como fonte de dinheiro, mas também o poder pelo poder."

O modelo de político profissional observado por Weber contrasta com o "político diletante", sobre o qual discorro brevemente neste texto. E este tipo de político "diletante" pode ser melhor compreendido em Weber. Para ele, há três qualidades essenciais e decisivas a qualquer político: a paixão, no sentido de "dedicação apaixonada a uma causa", e os sensos de responsabilidade e de proporções, que, para Weber, devem ser indissociáveis da paixão.

Weber discorre sobre paixão (como qualidade para exercer a política) e vocação política: "A política é como a perfuração lenta de tábuas duras. Exige tanto paixão como perspectiva. [...] Somente quem tem a vocação da política terá certeza de não desmoronar quando o mundo, do seu ponto de vista, for demasiado estúpido ou demasiado mesquinho para o que ele lhe deseja oferecer. Somente quem, frente a tudo isso, pode dizer 'Apesar de tudo' tem a vocação para a política" (1918, p. 89).[1]

O texto de Weber confronta o modelo de carreirismo político, característico no Brasil. Não levo a ideia de diletantismo para a política ao extremo, a ponto de imaginar que políticos devam trabalhar de graça, apenas por "amor". Isso é utopia. Além do mais, todo trabalhador é digno de seu salário. Nas democracias modernas, políticos têm bons salários. Mas no Brasil, o carreirismo político tornou-se uma alternativa de sobrevivência – e esse problema dialoga com o conceito de político profissional de Weber. Os adeptos a essa linha de vida geralmente não conseguem sucesso na iniciativa privada. Com isso, entram na política para sugar, não para somar. Surge assim um problema moral. O político carreirista, como não tem outro modo de

[1] Texto oriundo do discurso proferido por Max Weber na Universidade de Munique, em 1918.

sobrevivência que não a própria política, vende a alma ao demônio para manter seu cargo ou mandato, o que dificilmente ocorre com um "diletante" de Schopenhauer.

O Brasil precisa sair do terceiro-mundismo e avançar em seu sistema político. Já manifestei em outros artigos meu desejo de o sistema parlamentarista de governo ser implementado no país. Nossa Constituição, por exemplo, foi construída ao molde parlamentarista. Parlamentarismo com voto distrital puro seria ideal. Nesse caso, tem-se uma relação do eleito com seu eleitor muito mais próxima e eficiente. A cobrança ao político eleito aumenta no sistema parlamentarista e isso causa desconforto ao político carreirista, aquele que não tem vocação política e pensa apenas na sobrevivência (ou até no enriquecimento), pois ele terá que prestar contas no dia a dia e no cara a cara com o eleitor em seu distrito. Certamente terá dificuldade para se manter na vida pública. Apesar de aqui me referir a cargos eletivos, a ideia de diletantismo que buscamos em Weber e em Schopenhauer também é válida para cargos em comissão e para o funcionalismo público em geral.

Em seu livro *Cartas a um jovem político*, o ex-presidente da República Fernando Henrique Cardoso disserta sobre as motivações do indivíduo ingressar no meio político. Segundo ele, a vocação é princípio fundante para ser político. Escreve: "[...] ou você tem vocação para servir o público ou é melhor nem tentar. Porque, sem essa vocação, corre-se o risco de usar a política como escada para conseguir vantagens pessoais" (CARDOSO, 2006, p. 11). Isso acontece em grande medida e causa repúdio do povo aos políticos.

O pensamento de FHC sobre a vocação alinha-se ao de Arthur Schopenhauer, embora um se refira à política e o outro à ciência. O coordenador do Plano Real adverte em seu livro que se "não for possível guardar um certo idealismo, então para que entrar na política?" Sendo esta uma das atividades mais desmoralizadas do país, complementa, alguém precisa ocupar os espaços e a tarefa de governar o país. Do contrário, sublinha – e com razão –, os medíocres ocuparão esses espaços.

Reafirmo que não é errado buscar uma carreira política, ou até mesmo (sobre) viver dela. Adam Smith (1723–1790), por exemplo, escreve em *A Riqueza das Nações*: "Muito acima das despesas essenciais para que o soberano desempenhe seus deveres, é necessária uma certa despesa para sustentar sua dignidade. Esta despesa varia com os diversos períodos de progresso e com as diferentes formas de governo". O trabalhador, como já escrevi, é digno do salário. A questão é a vocação. Ou seja, almejar uma carreira na política e um sustento precisa ser subsequente à vocação e ao idealismo.

"Como é possível que instituições que servem ao bem-estar comum
e são importantíssimas para o desenvolvimento dele
tomem forma sem uma vontade comum orientada a instituí-las?"

CARL MENGER*

* *Fonte:* https://commons.wikimedia.org/wiki/Category:Carl_Menger#/media/File:Carl_Menger.jpg

"A ideologia que absolve e justifica os canalhas é apenas o ópio dos intelectuais."

NELSON RODRIGUES*

---

* *Fonte:* https://commons.wikimedia.org/wiki/Category:Nelson_Rodrigues#/media/File:Nelson_Rodrigues_(1971).tif

4.

JOHN LOCKE E DIALÉTICA SOBRE INDIVÍDUO E COLETIVO

Dia desses, o Instituto Liberal resgatou uma frase de minha autoria e publicou um *card* em suas redes sociais. Ela diz: "Amparados na cadeia de um aparelhamento gramscista e protegidos por paredes de uma retórica do politicamente correto, movimentos da "nova esquerda" trabalham na contramão do conservadorismo e do liberalismo, ou seja, da ordem natural da vida." Fui indagado sobre o porquê de o liberalismo fazer parte da ordem natural da vida, conforme escrito. Talvez – ou até certamente – não haja ninguém melhor para explicar isso do que o filósofo inglês John Locke (1632–1704), considerado pelo livro da História o "pai do liberalismo".

Locke escreve o seguinte no *Segundo Tratado Sobre o Governo* (1690), no capítulo II, com o título: *Do estado da natureza*:

> 4. Para compreendermos corretamente o poder político e ligá-lo à sua origem, devemos levar em conta o estado natural em que os homens se encontram, sendo este um estado de total liberdade para ordenar-lhes o agir e regular-lhes as posses e a pessoas de acordo com sua conveniência, dentro dos limites da lei da natureza, sem pedir permissão ou depender da vontade de qualquer outro homem (2005, p. 23).

Em seguida (no artigo 6 do *Segundo Tratado*), o filósofo inglês, que foi importantíssimo para a Revolução Gloriosa de 1688 (por conseguinte, importante para a formação do Estado Moderno), profere: "[...] O estado natural tem a lei de natureza para governá-lo, que a todos obriga; e a razão, que é essa lei, ensina a todos os homens que a consultem, por serem iguais e independentes, que nenhum deles deve prejudicar a outrem na vida, na saúde, na liberdade ou nas posses [...]". Aqui nos deparamos com o pleno pensamento de Locke, ancorado em três princípios do indivíduo: direito à vida, direito à liberdade e direito à propriedade privada. A constatação de Locke refuta o pensamento de Thomas Hobbes (1588–1679). De acordo com o pacto social de Locke, os homens não abrem mão de seus direitos naturais em benefício ao poder dos governantes.

O empirismo de Locke foi método fundante em sua formação intelectual e serviu como arcabouço para suas teorias políticas, sociais e filosóficas. Sua obra teve grande influência no mundo ocidental, sobretudo no Iluminismo, influenciando inclusive a teoria de separação dos poderes de Montesquieu (1689–1755). Se, de um lado, os guilhotinistas responsáveis pela carnificina da Revolução Francesa de 1789 interpretaram Locke de forma errônea (ou usaram de forma covarde as ideias do filósofo inglês para, de forma deturpada, justificar suas loucuras), de outro, a Declaração da Independência Americana (1776) foi influenciada pelo Primeiro e pelo Segundo Tratados de Locke. O peso de sua obra é imensurável.

O sucesso da construção das democracias modernas são fruto, em parte, da genialidade de John Locke. Vida, liberdade e direito à propriedade[1] são direitos inalienáveis do ser humano. Por isso, faço minha afirmativa de que o bom conservadorismo e o bom liberalismo (que têm como bases as três premissas de Locke) fazem parte da ordem natural da vida.

Oh, wait! Conservadorismo junto a liberalismo? Exato! Ambos são primos. Leiamos o capítulo IX do *Segundo Tratado Sobre o Governo,* de Locke, sob o título *Dos fins da sociedade política e do governo*:

---

[1] "O grande e principal objetivo de os homens unirem-se em comunidade e colocarem-se sob um governo é a preservação de suas propriedades." John Locke.

> 123. Se, como disse, o homem no estado de natureza é tão livre, dono e senhor da sua própria pessoa e de suas posses e a ninguém sujeito, por que abriria mão dessa liberdade, por que abdicaria ao seu império para se sujeitar ao domínio e controle de outro poder? A resposta óbvia é que, embora o estado de natureza lhe dê tais direitos, sua fruição é muito incerta e constantemente sujeita a invasões porque, sendo os outros tão reis quanto ele, todos iguais a ele, na sua maioria pouco observadores da equidade e da justiça, o desfrute da propriedade que possui nessa condição é muito inseguro e arriscado. Tais circunstâncias forçam o homem a abandonar uma condição que, embora livre, atemoriza e é cheia de perigos constantes. Não é, pois, sem razão que busca, de boa vontade, juntar-se com outros que estão já unidos, ou pretendem unir-se, para a conservação recíproca da vida, da liberdade e dos bens a que chamo de 'propriedade' (2005, p. 92).

O diálogo entre conservadorismo e liberalismo é implícito no texto de Locke.

*

Um dos principais debates sociológicos em pauta desde a metade do século XIX está na questão sociedade *versus* indivíduo. Refiro-me, claro, à influência e até à coerção que um exerce (ou não) sobre o outro. Para um dos pais da sociologia, o psicólogo, sociólogo e filósofo francês Émile Durkheim (1858–1917), é a sociedade que exerce coerção sobre o indivíduo.

Durkheim foi um dos pioneiros da sociologia ao balizar o método de trabalho sociológico. Sua teoria central, a Teoria dos Fatos Sociais, defende que os fatos gerais da sociedade exercem coerção sobre o indivíduo. Segundo a teoria, "[...] é fato social toda maneira de agir, fixa ou não, suscetível de exercer sobre o indivíduo uma coerção exterior; ou então ainda, que é geral na extensão de uma sociedade dada, apresentando existência própria, independente das manifestações individuais que possa ter." Outra definição de Durkheim: "Se todos os corações vibram em uníssono, não é por causa de uma concordância espontânea e preestabelecida; é que uma mesma força os move no mesmo sentido. Cada um é arrastado por todos".

O filósofo francês tem razão, em parte. Ou seja, quando o indivíduo nasce, já está sob coerção da sociedade. É refém, por exemplo, do seio de sua mãe. Sua mentalidade é moldada desde os primeiros anos de vida, nos primeiros passos, no aprender a falar, no ensino na escola e no convívio social em geral – o que é defendido também pelo psicólogo Lev Semionovitch Vigotski (1896–1934). No entanto, é paradoxal tal coerção, ou limitada, como vamos ver no texto, pois a sociedade é formada por indivíduos pensantes, que moldam a mesma sociedade "coercitiva". Nesse sentido, a sociedade não se constitui de uma massa abstrata coercitiva, mas sim de um conjunto de indivíduos que se sobrepõem ao coletivo.

Ao longo dos séculos, a capacidade individual foi responsável pelas principais mudanças sociais. John Locke, como lemos no texto anterior, com seus dois *Tratados*, é um precursor das ideias que versam sobre as liberdades individuais e sobre o papel do indivíduo na Inglaterra do século XVII.

Assim, com Durkheim de um lado e Locke de outro, eis a dialética: se, para Durkheim, os fatos sociais se sobrepõem à consciência individual e criam uma "consciência coletiva", os mesmos indivíduos são agentes ativos no processo de coerção coletiva. Ressalto: um sistema social não é abstrato, mas sim composto por indivíduos que pensam, criam, influenciam, lideram e, por conseguinte, de forma orgânica, exercem coerção, mesmo que fragmentada, na sociedade. O indivíduo, portanto, molda a sociedade, não o contrário.

Há inúmeras vertentes de pensadores contemporâneos que o classificam como conservador, como liberal e até como positivista, sendo discípulo do socialista utópico Saint-Simon (1760–1825) e de Auguste Comte (1798–1857), pai do Positivismo. Durkheim é errônea – e até grotescamente – classificado por alguns como socialista por ser um dos pilares da sociologia. Nosso enfoque não se encontra em refutar

Durkheim, que de socialista não tem nada, mas sim na dialética indivíduo *versus* sociedade.

O economista austríaco Ludwig von Mises (1881–1973) chegou a afirmar que o "homem comum ampara-se na autoridade de outras pessoas, comporta-se [...] como um cordeiro num rebanho". É exatamente essa inércia intelectual, segundo Mises, que caracteriza um homem como "homem comum"; mas aqui nos deparamos com um arquétipo: o homem comum. Não se trata de uma regra a submissão do homem geral ao fato social. O homem comum, no entanto, sustenta Mises, submete-se. Trata-se de uma característica individual, não de uma condição de submissão social.

Sob a ótica de Mises, portanto, há homens não comuns – e são esses homens incomuns que se apresentam como antítese à teoria de Durkheim. São eles que moldam a sociedade, não o contrário. O homem incomum é um agente ativo na sociedade, não uma ovelha submissa que segue o rebanho.

4.1. O fator Milgram

O conhecido e polêmico experimento do psicólogo Stanley Milgram (1933–1984), realizado em 1961, na renomada Universidade de Yale (EUA), pode nos ajudar a encontrar respostas para nossa questão dialética. No experimento, os indivíduos testados demonstraram um alto índice de submissão à autoridade, obedecendo à ordem de provocar choques elétricos, com a voltagem máxima de 450 volts, em indivíduos "inocentes" (que na verdade eram figurantes). Apenas 35% dos indivíduos testados interromperam o experimento. Os demais 65% foram até o fim e aplicaram toda a carga de choques. Não vou me aprofundar nos dados da polêmica experiência. Para isso, podem buscar artigos na internet, assistir ao filme *O experimento de Milgram* ou até mesmo acessar meu livro *A Filosofia do Fracasso* e ler o que lá escrevo sobre o experimento. O ponto-chave é que, apesar do alto índice de submissão, não foi total. Ou seja, nem todos (35%) se submeteram à pressão externa, ou ao "fato social". O resultado do experimento de Milgram vai ao encontro do que Ludwig von Mises afirma sobre o homem comum, que se submete como cordeiro; mas, como já mencionamos, se há homem comum, há o incomum, e, de acordo com o experimento de Milgram, há 35% de homens incomuns. Assim, 35% refutam o conceito de fato social de Durkheim.

A tendência humana de habituar-se a situações ruins, de pressão, chegando a – como na síndrome de Estocolmo – nutrir simpatia pelos agentes causadores da opressão, não é uma regra estabelecida. Cada ação humana depende de circunstâncias e do momento. Assim, é possível afirmar que o homem incomum não é passivo durante o processo opressivo, tampouco familiariza-se com o opressor. Na antiga URSS stalinista, nem todos os cidadãos se tornaram bolcheviques, a exemplo do "Exército Branco", ou russos brancos. Por isso, muitos levaram tiros na nuca ou foram enviados a *gulags*, tudo a mando de Stalin.

Você, caro leitor, é um homem comum? Você é um aplicador de choques, como os 65% experimentados por Milgram? Familiariza-se com o opressor, como na síndrome de Estocolmo? Ou está entre os 35% que não mudam seus princípios devido à pressão social externa, ou seja, é um homem incomum que se contrapõe à teoria de Durkheim?

Se é fato que somos um produto da sociedade, outrossim, precisamos reconhecer que a mesma sociedade se transformou ao longo dos tempos e muda a cada momento. Esse processo dinâmico-evolutivo só é possível devido a agentes ativos, a indivíduos incomuns.

4.2. O comportamento de massa

É verdade que as massas têm poder de coerção sobre determinados indivíduos. Mas a massa teve um início e foi inflamada por indivíduos. Usemos como exemplo o nazismo. Os nazistas impuseram uma pressão sobre-humana a milhões de vítimas. Não somente àqueles que, conforme a cartilha ariana, estavam desclassificados como seres humanos dignos de viver: os judeus, os negros, os gays, os cristãos; mas os próprios alemães eram coagidos. Ou o indivíduo se curvava a Hitler, ou morreria. Nesse sentido, no nazismo, deparamo-nos com os dois lados: 1) indivíduos que influenciaram massas e 2) indivíduos que foram submetidos à repressão das mesmas massas. O experimento de Milgram, citado acima, foi diretamente atribuído ao nazista, como forma de tentar explicar o Holocausto. Seja como for, o indivíduo será o agente iniciante de qualquer processo de coerção coletiva e cabe ao indivíduo optar ou não por se submeter à tirania.

"A verdadeira verdade é sempre inverossímil."

FIÓDOR DOSTOIÉVSKI*

* *Fonte:* https://commons.wikimedia.org/wiki/Category:Fyodor_Dostoyevsky#/media/File:Vasily_Perov_-_%D0%9F%D0%BE%D1%80%D1%82%D1%80%D0%B5%D1%82_%D0%A4.%D0%9C.%D0%94%D0%BE%D1%81%D1%82%D0%BE%D0%B5%D0%B2%D1%81%D0%BA%D0%BE%D0%B3%D0%BE_-_Google_Art_Project.jpg

5.

O EFEITO DUNNING-KRUGER: DA CONFUSÃO MENTAL À DESINFORMAÇÃO

A conhecida frase proferida por G. K. Chesterton "chegará o dia em que teremos de provar ao mundo que a grama é verde" tem uma profundidade que vai muito além do entendido e pregado pelos conservadores nos embates com relativistas. É verdade que o gigante inglês viveu num contexto de "pós-cristianismo", em que imperava a tentativa de desconstrução da moral pelas ideias relativistas. Entretanto, Chesterton, antes de apologista cristão e de defensor ferrenho do conservadorismo, tinha um senso de realidade invejável – o que se percebe em seus escritos. Sua leitura de mundo e sociedade, diferentemente do que muitos críticos pensam e disseminam, transcende a fé e a ideologia. O que Chesterton quer dizer na frase acima, para resumir o parágrafo, é que o mundo é habitado por uma classe de idiotas, ou estúpidos, que, sem o mínimo senso de realidade, defendem absurdos – e não o fazem por mau-caratismo, mas sim porque acreditam, de fato, que suas ideias estúpidas estão certas, mesmo não estando. Esse tipo de comportamento pode ser explicado pela ciência como "efeito Dunning-Kruger". Em 1999, os psicólogos americanos David Alan Dunning e Justin Kruger conduziram um experimento com voluntários, incumbidos de responder a perguntas de lógica e gramática. A dupla de psicólogos pediu aos integrantes, ou "cobaias", do estudo para avaliarem seus próprios desempenhos – isso sem informar-lhes os resultados de cada um.

De um lado, os indivíduos com melhor desempenho, sem saber de seu êxito, subestimaram seus resultados. Enquanto isso, de outro lado, os que erraram mais questões (25%) foram os que mais se superestimaram e acreditaram estar entre os 33% que foram os mais bem-sucedidos no exame. O experimento foi batizado como efeito "Dunning-Kruger". De acordo com os psicólogos americanos responsáveis pelo teste, isso ocorre porque quando um indivíduo apresenta deficiência de conhecimento relativo a uma questão complexa, ele fantasia em sua mente uma falsa superioridade, devido à sua incapacidade de lidar com a complexidade do problema. O comportamento é descrito por Dunning e Kruger como "calibração do incompetente".

5.1. Apertem os cintos!

Se as redes sociais são um difusor de pensamento, dando "voz" a qualquer indivíduo – o que deve ser comemorado como evolução para a liberdade de manifestação –, elas, ao mesmo tempo, escancaram a assertividade do efeito Dunning-Kruger. Não raro, nos deparamos com indivíduos que fazem defesas pitorescas, incompatíveis com qualquer coisa próxima ao mínimo senso de realidade. Nesse sentido, podemos afirmar, a liberdade de pensamento e de expressão demonstra-se paradoxal: de um lado é ótima, porque possibilita a manifestação de todos os indivíduos, pessoas que sem as redes sociais estariam no calabouço do anonimato; de outro, no entanto, permite que teses absurdas, como as teorias antivacinas, comuns no Brasil, sejam difundidas. É aí que entra a relação entre liberdade e responsabilidade. Atualmente, a desinformação é uma chaga abominável nas redes sociais. E não me refiro às *fake news* "dolosas", que são as propositais, mas sim aos conteúdos e opiniões difundidos por pessoas que creem ter razão. Ou seja, são *fake news* "culposas" – disseminadas por indivíduos que sofrem do efeito Dunning-Kruger.

Voltemos a Dunning-Kruger... No século XXI, vivemos a profecia de Chesterton. São dias nebulosos em que a necessidade de provar que a "grama é verde" aparece volta e meia; mas provar isso para alguém que sofre do efeito Dunning-Kruger é missão impossível, perda de tempo. Pessoas que chamaram a Covid-19 (que já ceifou mais de 600 mil vidas no Brasil) de gripezinha, por exemplo, hoje jazem a sete palmos do solo em caixões lacrados – vítimas da doença que negaram. Lembram-se da relação entre liberdade e responsabilidade? Eis um terceiro fator: a consequência. Forte, não é mesmo? Mas, infelizmente – mesmo com todo o quadro exposto –, algumas pessoas se mostram irredutíveis devido à sua confusão mental e seguem negando a pandemia que assolou o mundo nos últimos três anos. Acreditam em teorias ridículas e as disseminam, sobretudo nas redes sociais, como verdadeiros agentes propulsores de desinformação. Como escrevi anteriormente, são os paradoxos da liberdade individual.

"Após a experiência dos ataques repetidos,
convém-me a humildade. Assim pois: paciência.
Sofrer sem se queixar é a única lição que se deve aprender nesta vida."

VINCENT VAN GOGH*

---

* *Fonte:* https://commons.wikimedia.org/wiki/Vincent_van_Gogh#/media/File:Vincent_van_Gogh_-_Self-Portrait_-_Google_Art_Project_(454045).jpg

6.

O CAPITALISMO DE VAN GOGH

Vincent van Gogh (1853–1890) é provavelmente o maior pintor que já existiu. Para muitos, não há dúvida quanto ao posto do holandês na galeria dos maiores da história: foi o Pelé com um pincel. O melhor, mais genial e mais popular entre todos os pintores. Para este que vos escreve, Van Gogh puxa a fila dos maiores não apenas da pintura, mas de tudo que se entende por arte.

Tudo está na maneira como Van Gogh, pós-impressionista e mestre do pontilhismo, expressou sua dor, sua agonia e seu sofrimento numa combinação de cores fascinantes. Com sua forma quase que selvagem de ser, transformou o cinza dos aspectos terríveis da humanidade em coloridos vivos. Comparo-o a Pelé porque muitos, mesmo não gostando de futebol, admiravam a capacidade do "Rei do Futebol" e "tiravam o chapéu", em gesto de reverência ao jogador criado na Vila Belmiro, em Santos. Fenômeno similar ocorre com Van Gogh: mesmo pessoas não afeiçoadas a pinturas se impressionam com a sua arte. Nisso repousa a genialidade de um homem: mudar a visão das pessoas acerca de algo mediante seu talento. Não é preciso ser apaixonado por pinturas para amar Van Gogh e sua arte. Homem peculiar e simples, viveu seus dias sem qualquer luxo.

Se a história nos conta que Van Gogh teve uma vida miserável, em termos de conforto, há quem conteste tal versão. Para o professor da Universidade de Estrasburgo e diretor do Instituto Van Gogh em Auvers-sur-Oise, Wouter van der Veen, que pesquisa a belíssima e rica correspondência entre Van Gogh e seu irmão Théo, os irmãos tinham uma visão "profética" de mercado e sabiam que haveria no tempo certo uma evolução no comércio de pinturas e no valor da obra e estilo de Van Gogh. Por conta disso, acredita Van der Veen, cada passo de Vincent e de Théo foi calculado. Van Gogh, que começou tarde na pintura, aos 27 anos, tinha plena lucidez quanto à importância de seu trabalho, e tinha consciência de sua inovação e originalidade.

O homem lembrado por cortar sua própria orelha – e de ser capaz de pintar um autorretrato após o feito bizarro – e por passar fome foi, na realidade, um empreendedor de sucesso que respeitou e fez uma leitura do tempo do mercado e dos apreciadores de pinturas. Reuniu um acervo de valor imensurável. Como consta no livro *O Capital de Van Gogh* (2018), de Van der Veen, Vincent "criou capital (valor) pensando no futuro, cuja obra não cessa de se valorizar a cada ano, enriquecendo não apenas seus herdeiros e clientes como o próprio patrimônio da humanidade".

Vincent e seu irmão Théo foram, desde o começo, empreendedores de sucesso. Hoje o capital de sua empresa valeria bilhões de euros. Há relatos dando conta de quadro de Van Gogh sendo arrematado por 200 milhões de dólares. Se convertermos essa quantia à nossa moeda, chegamos a um preço de 1 bilhão de reais. Pois bem, Vincent pintou 800 quadros e produziu mais 1.000 desenhos e esboços. É um valor, como escrevi anteriormente, imensurável. Tente tirar das mãos de um apreciador de Van Gogh uma obra sua (da autoria de Van Gogh). Missão quase impossível. A obra de Van Gogh não cresceu apenas em preço, mas em valor. E o maior valor talvez esteja no fato de, em muitos casos, oferta alguma ser capaz de seduzir um dono de quadro de Van Gogh a se desfazer da peça.

Na correspondência de Vincent Van Gogh a seu irmão Théo Van Gogh, há elementos suficientes que nos permitem acreditar e afirmar que, sim, os irmãos foram visionários. Afinal, por que Van Gogh seguiria pintando e seu irmão, por conseguinte, o sustentando – o que ocorreu dos 28 aos 37 anos do pintor, quando este morreu tragicamente? Para ser possível dimensionar, compreender, o empreendedorismo visionário dos irmãos Van Gogh, é necessário ler a correspondência entre ambos, que no Brasil é traduzida como *Cartas a Théo*. Neste caso, são as cartas enviadas por Vincent a Théo.

Autor de peças como *Os comedores de batata* (1885), *O quarto em Arles* (1888), *Noite Estrelada* (1889), *Os girassóis* (1889), *Autorretrato* (1889) e *Campo de trigo com corvos* (1890), Van Gogh tem seu nome erroneamente associado ao socialismo. É verdade que o pintor holandês foi um defensor de causas sociais – e chegou a escrever uma carta a Émile Bernard, afirmando acreditar numa "sociedade monumental", que seria construída por socialistas –, mas nada que chegasse a ser uma inclinação ao socialismo revolucionário. O próprio lado religioso e protestante de Vincent pode ter contribuído para essa preocupação com uma mudança social. E mesmo que Van Gogh tenha esboçado alguma ideia e simpatia pelo socialismo, sua vida demonstrou que ele era o contrário: um capitalista selvagem (literalmente selvagem!).

Em carta enviada a Théo, em 13 de agosto de 1888, Van Gogh diz: "E, para começar, instalemo-nos onde a vida for mais barata. Tanto melhor se o sucesso vier, tanto melhor se um dia tivermos dinheiro". No trecho da carta, percebemos que Van Gogh não tinha nada de diletante, pelo contrário: arquitetava-se desde o início de sua jornada na pintura a aquisição de capital! E sua preocupação com custos, quando afirma que queria se instalar onde a vida fosse "mais barata", comprova sua visão de economia capitalista.

Além das obras, o produto – ou a marca – Van Gogh faz circular bilhões nos dias atuais. A sociedade Irmãos Van Gogh, por exemplo, tornou-se uma indústria cultural bilionária. O certo é que os irmãos Van Gogh são um caso de sucesso e norte, exemplos, para empreendedores atuais de quaisquer áreas. Pensar a longo prazo e compreender seu produto e seu mercado são conceitos fundamentais deixados pelos irmãos Van Gogh a todos que hoje pretendem ingressar no mundo do capitalismo selvagem.

"A noção de liberdade de expressão para algumas pessoas
é que elas são livres para dizer o que quiserem,
mas, se alguém diz algo de volta, elas ficam indignadas."

WINSTON CHURCHILL*

* *Fonte:* https://commons.wikimedia.org/wiki/Winston_Churchill#/media/File:Sir_Winston_Churchill_-_19086236948.jpg

"A República sobreviverá até o Congresso descobrir que pode subornar o povo com seu próprio dinheiro."

ALEXIS DE TOCQUEVILLE*

* *Fonte:* https://commons.wikimedia.org/wiki/Category:Alexis_de_Tocqueville#/media/ File:Alexis_de_Tocqueville_(Th%C3%A9odore_Chass%C3%A9riau_-_Versailles).jpg

PARTE II

1.

A MENTE REVOLUCIONÁRIA

1.1. O *Livro Vermelho* de Mao Tsé-Tung

Neste brevíssimo texto, dou início a um raso mergulho na história das mentes revolucionárias. E começamos com tudo: vamos falar sobre o maior açougueiro da esquerda mundial em todos os tempos: o ditador que conseguiu matar mais que Stalin, Mao Tsé-Tung. Já falei sobre a Grande Fome chinesa noutros artigos publicados. Agora, como forma de instigar ainda mais nosso faro antitotalitário, mergulhá-lo-emos num passeio histórico em *O Livro Vermelho*, coletânea de citações do comandante Mao organizada pelo então ministro da Defesa chinês, LinPiao. Desse modo, a proposta do texto é, aviso de hipérbole, entrar na mente do tirano comunista chinês.

Mao Tsé-Tung (1893–1976), também conhecido como "Mao Zedong", nasceu em Shaoshan, na província de Hunan, na China, e era filho de Mao Yichang, seu pai, e Wen Qimei, sua mãe. A família, como a de muitos revolucionários, era bem-sucedida financeiramente. Mao, à frente do Partido Comunista Chinês, foi proclamado presidente (ditador-mor) da "Nova República Popular da China" em dezembro de 1949 e governou o país até 1959, porém seguiu no comando do Partido Comunista Chinês e influente no país até 1976, ano de sua morte.

Aqui não vou tratar dos genocídios provocados por suas políticas de governo – causadoras de mais de 50 milhões de vidas ceifadas –, mas sim de suas ideias de revolução cultural (o que, por conseguinte, claro, levou a China à barbárie).

Mao escreveu diversos livros sobre teoria marxista e sobre a Revolução Chinesa, mas é em *O Livro Vermelho* que o tirano responsável pela maior fome da história mundial e outras atrocidades, como execuções, torturas e terror, expressa de forma clara suas ideias revolucionárias. Conquanto o arcabouço geral de pensamento dos revolucionários não escape de uma linha básica, que compreende coletivismo, estatismo, controle, revolução proletária violenta e fim das liberdades, conhecer as idiossincrasias ou meandros intelectuais do maior de todos os genocidas comunistas é importante, sobretudo porque a China atual segue um modelo de cerceamento de liberdades individuais, com controle absoluto do Estado, num contrassenso intrigante, haja vista seu mercado capitalista aberto (em parte). Ademais, estudar comportamentos totalitários é sempre instrutivo. Faz-se necessário refletir sobre o tema a todo momento.

Em discurso proferido na abertura da I Sessão da I Legislatura da Assembleia Popular Nacional da República Popular da China, em 15 de setembro de 1954, Mao deixa claro a máxima que rege seu governo: "A força-núcleo que dirige a nossa causa é o Partido Comunista da China. A base teórica que guia o nosso pensamento é o marxismo-leninismo". Em análise dessas duas sentenças, é possível compreender duas coisas: 1) fica claro que o partido comunista tem poder absoluto, o que explica a influência de Mao no governo chinês, mesmo após deixar o comando (como exposto anteriormente). Como líder do Partido Comunista da China, portanto, ditava as regras; 2) a matriz ideológica do maior genocídio de todos os tempos é o marxismo-leninismo. As ideias revolucionárias – como a luta de classes e a eliminação dos burgueses – do prussiano Marx corriam nas artérias de Mao. Leiamos: "[...] o movimento de retificação é um 'movimento geral de educação marxista'" ("retificação", para Mao, significa o partido inteiro voltado ao estudo do marxismo).

Aqui há espaço para uma analogia com o "lulopetismo", que, malgrado não possa ser enquadrado como arquétipo comunista de linha ortodoxa, tem na raiz do Partido dos Trabalhadores o marxismo. A maneira como o "lulopetismo" governou o Brasil de 2003 a 2016, outrossim, é, guardadas as proporções, semelhante ao modelo do comunismo de Mao: ou seja, o partido comanda e está acima de tudo! Nesse sentido, pode-se sim comparar o "lulopetismo" aos expoentes do comunismo no mundo. Senão vejamos: em 1957, no III Congresso Nacional da Liga da Juventude de Democracia Nova da China, Mao profere: "O Partido Comunista da China é o núcleo dirigente do povo chinês. Sem esse núcleo, a causa do socialismo não pode triunfar".

Anos antes, em 1938, aquele que seria o responsável pela Grande Fome escreve sobre o papel do Partido Comunista da China (Tomo II): "Um partido político que dirige um grande movimento revolucionário não pode conquistar a vitória sem dominar a teoria revolucionária, sem possuir um conhecimento da História e sem compreender profundamente o movimento prático". É evidente a importância que Mao destina ao estudo da história cultural para o triunfo de uma revolução.

1.1.1. *Mao, a luta de classes e a guerra cultural*

A expressão "luta de classes" consta amiúde nas cartilhas de qualquer revolucionário que se preze. O motivo é óbvio: ela é o eixo mestre da obra de Marx, tanto grafada em *O Manifesto Comunista* como nos volumes de *O Capital*. É sob esse guarda-chuva da ideia de divisão de classes que o materialismo dialético histórico de Marx se estabelece. Mao Tsé-Tung, por sua vez, vai fundo nesse entendimento. Em 1949, escreve no Tomo IV de *Abandonai ilusões e preparai-vos para a luta*: "Luta de classes, umas classes triunfam e outras são eliminadas. Assim é a história, assim é a história da civilização, desde há milhares de anos". Antes, em 1937, escreve em *Sobre a Prática*, (Tomo I): "Numa sociedade de classes, cada indivíduo existe como membro de uma classe [...], e cada forma de pensamento está [...] marcada com o selo de uma classe". No trecho, Mao define a inserção do indivíduo na sociedade com o olhar mais marxista possível, ou seja, é a classe, e não o indivíduo em si, o agente determinante.

No Brasil, os movimentos de esquerda vão além da estratégica luta de classes para atingir seus objetivos, visto que esse método demonstra-se ultrapassado. Causar divisão, como ensina o velho pensamento leninista, é meio para a tomada de poder. Logo, a ideia de luta de classes estando defasada e incompleta para a tomada de poder, a divisão por gêneros, cor e raças torna-se o caminho. Assim, portanto, trava-se uma guerra cultural.

Sob o aspecto do conceito – sejam classes, gêneros ou raças – prevalece a divisão como método de difusão política e ideológica das esquerdas, que sorrateiramente se apropriam de causas genuínas com fins políticos. É evidente que o racismo ainda é uma chaga no Brasil. É lógico que as mulheres em pleno século XXI precisam remar contra uma maré machista para conseguir buscar espaços. Não vou aqui falar sobre gênero, tema que não me compete discutir. O fato é que as esquerdas sequestram determinadas pautas de algumas minorias, contorcem e distorcem as narrativas do modo que lhes convém politicamente e difundem-nas. Em síntese, quando a luta de classes não é suficiente para as esquerdas causarem divisão, a guerra cultural é estabelecida como ferramenta para a revolução.

Como pensa um revolucionário: eis o âmago do texto. A mente revolucionária é paralela ao mundo real. Falar sobre Mao Tsé-Tung em pleno 2023 pode parecer um tema ultrapassado, mas não é. De quando em quando, ao longo das décadas, vemos no grande livro da História revolucionários passando a perna nas massas e se apropriando do poder, com os já mencionados discursos de divisão, além de populismo barato e engodo. Há alguns anos, no auge da crise na Venezuela, li uma pesquisa que apontava forte rejeição dos venezuelanos ao tiranete Nicolas Maduro; todavia, a mesma rejeição não ocorria em relação ao chavismo, amplamente defendido pela população, que passava fome. Aqui tratamos, é verdade, de um caso peculiar: um país com mais de duas décadas de doutrinação ideológica bolivariana.

Não se reverte um estrago social-cultural como esse de um dia para o outro. O fato é que países com tendências populistas são presas fáceis para tiranos totalitários.

Voltemos a Mao... sua obra, *O Livro Vermelho*, permite-nos compreender o pensamento revolucionário e totalitário do socialismo, que arrasou e arrasa nações no mundo desde a Revolução dos bolcheviques em 1917. As imagens de Lord Acton e Mao Tse Tung devem vir após o final deste texto, antes do início da sessão 1.2.

"Nós agradecemos a Marx, Engels, Lenin e Stalin por nos dar uma arma. Essa arma não é uma metralhadora, mas o marxismo-leninismo"

MAO TSE TUNG*

* *Fonte:* https://commons.wikimedia.org/wiki/Category:Mao_Zedong#/media/File:Mao_Zedong_1959.jpg

"O Estado não pode tornar os homens bons, mas pode facilmente torná-los maus. A moralidade depende da liberdade."

LORD ACTON*

---

* *Fonte:* https://upload.wikimedia.org/wikipedia/commons/7/74/Lord_Emerich_Edward_Dalberg_Acton.jpg

1.2. Marx, Lenin e a licenciosidade comunista

No texto anterior, usamos *O Livro Vermelho* como objeto de estudo para melhor compreendermos as ideias do revolucionário Mao Tsé-Tung. Agora, nosso personagem é um precursor de Mao: Vladimir Ilyich Ulianov, mais conhecido no Ocidente por seu pseudônimo "Lenin". O mentor da Revolução Bolchevique, junto de Trotski (sobre quem falaremos em texto subsequente), incorporou uma ideia fundante do marxismo: a relativização e a destruição da moral como meios para a revolução socialista. Para Lenin, somente por meio dessa licenciosidade as bases do capitalismo poderiam ser implodidas para, a partir disso, haver um domínio socialista com a ditadura do proletariado e a chegada ao almejado comunismo utópico. De fato, Marx defendia a destruição dos valores tradicionais, para ele, pilares do capitalismo. Seria impossível, segundo Marx, chegar ao comunismo sem antes dinamitar os valores da sociedade capitalista (que são a moral, a família, a igreja, as tradições, ou seja, o "*establishment* social-moral"). O marxismo funda-se na desconstrução do normal, na quebra dos padrões.

Lenin nasceu em Simbirsk em 22 de abril de 1870. Ainda menino, já ouvia de seu irmão, Aleksandr Ulianov, que morreria enforcado anos mais tarde após ser condenado por atentado contra o czar, as primeiras ideias revolucionárias. Lenin foi desde cedo um leitor voraz. Daí fez-se o grande intelectual e teórico que escreveria em vida aproximadamente 10 milhões de palavras. Orador nato, tinha um poder persuasivo, agudo e venenoso. Suas ideias marxistas revolucionaram a Rússia e foram maquete para outras revoluções socialistas que viriam a eclodir no mundo ao longo do século passado. Lenin, como veremos a seguir, acreditava na tomada de poder imediata, diferentemente do progressivo socialismo científico proposto por Marx.

"Meu irmão mais velho iluminou o caminho", disse Lenin, aos 17 anos, quando estava preso. O enunciado evidencia a influência que Aleksandr, que pertencia ao grupo terrorista revolucionário Narodnaia Volia até ser preso e morto, condenado por causa de sua participação no atentado ao czar, exerceu em Lenin, fomentando sua sede de revolução. Mais tarde, o líder menchevique Pavel Axelrod (1850–1928) chegou a afirmar que Lenin passava a plenitude dos dias absorvido pela ideia da revolução, só pensava na revolução e, até mesmo quando dormia, sonhava com a revolução.

A discrepância de pensamento (e de interesses) que gerou a divisão de mencheviques (minoria) e bolcheviques (maioria) é um elemento que indica o repertório de contradições socialistas. Enquanto os mencheviques queriam tomar o poder na Rússia de forma gradual, deixando o capitalismo se desenvolver (e gerar riqueza) para, somente após isso, implantar o socialismo (de acordo com o marxismo ortodoxo) até chegar à ditadura do proletariado, Lenin e os bolcheviques optaram pela tomada de poder de forma radical, imediata e pela força. Ou seja, o próprio Karl Marx, pai do socialismo, entendia que somente por meio do capitalismo seria possível gerar a riqueza necessária para o implemento e a sustentação do socialismo e do comunismo, e, por isso o processo de transição tinha de ser gradativo (sem acabar de forma imediata com o capitalismo). O mesmo Lenin que divergiu dos mencheviques e optou por pular as etapas desse projeto de socialismo científico de Marx e partir para uma tomada de poder radical, no entanto, teve que rever seu pensamento em 1921 e abrir o mercado soviético para reerguer a economia. Por isso, declarou: "vamos dar um passo atrás para posteriormente dar dois à frente". A Nova Política Econômica, reconheceu Lenin, significava voltar ao capitalismo numa "extensão considerável", incalculável.

É somente com o capitalismo e por meio dele que as riquezas são geradas. Mesmo que de forma desigual, é verdade – e como bem reconheceu Winston Churchill. Os ideólogos socialistas sabem disso e, por essa razão, quando tomam o poder, fazem uso dos benefícios capitalistas. É por isso que este breve ensaio trabalha o pensamento revolucionário na questão moral, em sua contradição.

Para Marx, a solução proposta para evitar a "mais-valia" (excedente de produção não remunerado ao trabalhador) encontra-se no confisco dos meios de produção (empresas) da burguesia para repassá-los aos operários (sob comando provisório do Estado até a chegada ao comunismo livre) com a finalidade de permitir a estes receber a integralidade de sua força de trabalho. Quando o socialismo é estabelecido, no entanto, os meios de produção são estatizados e jamais avança-se à última etapa, que seria um "paraíso" sem Estado e autorregulado por um comunismo "livre e igual". É isso mesmo: primeiro, muito Estado; depois, nada de Estado. Contudo, em nenhum país em que o socialismo foi implementado houve o avanço para a etapa final, o que refuta Marx. Uma vez no poder, o governante socialista, por obviedade, não vai abrir mão de um Estado cada vez mais forte para que sua cadeira de ditador seja mantida.

Se, em parte, as mortes nos regimes socialistas foram causadas mediante violência, como no stalinismo, por exemplo, com tiros na nuca e terror em *gulags*, também foram, em outra parte, ocasionadas pelo próprio fracasso das políticas econômicas do regime.

O socialismo é causador de miséria e não se sustenta. Lenin, ainda que marxista desde jovem, não era idiota, sabia que somente o capitalismo poderia gerar riqueza (tanto que implementou a Nova Política Econômica) e fazia uso da retórica para vender a ideia da revolução ao povo russo que, mesmo de barriga vazia, em boa parte o idolatrava.

"Quanto maior o poder, mais perigoso é o abuso."

EDMUND BURKE*

* *Fonte:* https://commons.wikimedia.org/wiki/Category:Edmund_Burke#/media/File:Edmund_Burke_by_James_Northcote.JPG

1.3. Stalin

1.3.1. A formação de Stalin: da infância à Revolução

Quando nasceu na Geórgia, em 1878, Stalin recebeu o apelido de Sosso ("delicado"), pois era considerado frágil. Tinha uma deficiência em um dos pés. Morava num casebre, em Cáucaso. Desde menino, Stalin apanhava do pai, que era alcoólatra. Sua mãe também sofria agressões diárias do marido. Stalin chegou a ser atropelado duas vezes por carruagens. Aos 16 anos foi para o seminário, onde recebeu castigos corporais. Em 1895, ainda na instituição, aproximou-se de grupos clandestinos revolucionários. De 1896 a 1898, liderou círculos marxistas e estudou as obras de Marx e Engels e de Lenin, até ser expulso do seminário. Em 1903, Joseph Djugashvili, que adotara o nome "Koba" no seminário, ingressou nos bolcheviques, que eram liderados por Lenin e oriundos do Congresso que dividira o Partido Operário Social-Democrata Russo (POSDR) em duas correntes. Os mencheviques eram liderados por Julius Martov (1873–1923). Koba tomaria emprestado o pseudônimo 'Stalin' somente em 1912.

O jornalista e escritor alemão Emil Ludwig (1881–1948), que entrevistou Stalin em 1930, afirmou que "[Stalin] como soldado no exército de Lenin, que entre 1900 e 1919 transmitia suas ordens do estrangeiro e preparava todas as campanhas, adquiriu importância lentamente durante esses anos; e, até a Revolução, jamais apareceu no primeiro plano". Com a morte de Lenin, no entanto, em poucos anos Stalin torna-se soberano e passa a praticar as mais execráveis barbáries ao longo de seu governo na União Soviética, que durou até sua morte, em 1953. Stalin fora secretário-geral do Partido Comunista de 1922 a 1952.

O Partido Comunista tornou-se o único partido legal na URSS após o final da Guerra Civil (1921). Assim sendo, o partido controlava o poder no país. Tal partido que, por sua vez, era comandado pelo secretário-geral, posição ocupada por Stalin de 1924 até sua morte.

Stalin, desde seu ingresso junto aos bolcheviques, em 1903, almejou o topo. Com a morte de Lenin, retirar os opositores do caminho, principalmente Trotsky, foi questão de tempo. Não importava que haviam lutado outrora no mesmo lado da trincheira. Pela sede de poder, "fidelidade" é irrelevante para os revolucionários.

Dos líderes bolcheviques que militaram na Revolução de Outubro de 1917, somente Yankel Sverdlov, Lenin e o próprio Stalin morreram de forma natural. Os demais foram assassinados, a mando do próprio Stalin. Acredita-se que o motivo de Trotsky não ter sido assassinado em solo soviético, por exemplo, foi a prevenção contra um possível e provável processo de martírio, visto que Leon era aclamado por parcela importante dos revolucionários e do povo. Daí a opção pelo expurgo, até seu assassinato em agosto de 1940, no México. No entanto, na entrevista a Emil Ludwid em 1930, antes dos julgamentos de Moscou (1931), Stalin diz: "Se consultar os operários em atividade, nove décimos falam com acrimônia em Trotsky". "[...] Trotsky era um homem de grande autoridade, embora não em posição tão elevada quanto Plekhanov, e agora está esquecido. Se é relembrado, ocasionalmente, é com um sentimento de irritação". Há um perceptível contrassenso entre a realidade e a narrativa de Stalin sobre o tema. Se Trotsky não tinha importância política, afinal, por que mandar executá-lo?

No XV Congresso do Partido Comunista, que ocorreu de 2 a 19 de dezembro de 1927, havia 1.169 delegados. Desses, 898 tinham direito a voto. A oposição não tinha nenhum representante com direito a voto nesse que foi o maior congresso até então na URSS. Ou seja, já não havia qualquer resistência efetiva a Stalin fora ou dentro do partido. O Kremlin era Stalin; Stalin era o Kremlin. O ditador que lutou pela derrubada do último czar para terminar com o absolutismo tornara-se um ditador absoluto e violento.

1.3.2. A loucura de Stalin

O historiador alemão Jörg Baberowski (1961-), da Universidade Humboldt de Berlim, considera Stalin um sádico-psicopata, que ordenava execuções não apenas por fins políticos, mas também pelo prazer de ver o sofrimento das vítimas. Com isso, podemos pensar: "se Stalin era psicopata, logo, os genocídios na URSS foram causados devido à psicopatia, não à ideologia". Esse é, no entanto – e justamente –, o grande problema do socialismo marxista: suas ideias revolucionárias e totalitárias servem como luva a psicopatas sádicos como Stalin. Basta observar que o comportamento violento de outros ditadores comunistas no mundo, como Mao Tsé-Tung e Pol Pot (1925–1998), foi semelhante ao de Stalin.

De acordo com Jörg Baberowski, Stalin ordenava execuções por motivos banais, com intuito de intimidar as pessoas. Para o historiador, Stalin foi mais violento que Hitler: "[...] ficava satisfeito ao ver o sofrimento das suas vítimas, dos inimigos que mandava eliminar.". Em seu testamento, Lenin demonstrou preocupação com a personalidade de Stalin: "O camarada Stalin, tendo se tornado secretário-geral, tem autoridade ilimitada concentrada em suas mãos, e não tenho certeza de que sempre irá utilizá-la com prudência". Para Lenin, era Trotsky quem deveria governar. Lenin estava "certo". Além das mais de 40 milhões de mortes causadas por seu governo (podendo chegar a 60 milhões), Stalin teria cometido, a próprio punho, mais de 40 mil assassinatos.

Estudos atuais relacionam traumas de infância, como exposição a violências, abusos físicos, psicológicos e punições excessivas, a uma predisposição ao desenvolvimento de psicopatias. Aí, talvez – ou provavelmente –, encontra-se uma resposta para a psicopatia de um Stalin que presenciou – e sofreu – agressões do pai em sua infância, além das punições físicas que recebeu no seminário. Stalin também desenvolveu um transtorno de personalidade paranoide. Sentia-se perseguido e prejudicado por todos a todo momento. Um sistema democrático saudável é blindado contra o surgimento de déspotas.

Já nos regimes revolucionários marxistas, todavia, psicopatas como Stalin servem como uma luva. O poeta comunista russo Vladimir Maiakovski (1893–1930) que o diga:

> Da parede Marx observa
>
> E de repente
>
> Escancara a boca,
>
> Começa a gritar:
>
> A Revolução está emaranhada em fios filisteus
>
> Mais terrível do que Wrangel[1] é o byt[2] burguês
>
> Melhor
>
> Arrancar a cabeça dos canários –
> Para que o comunismo
>
> Não seja derrubado por canários.
>
> (FIGES, 2018, p. 563)

[1] Líder dos exércitos brancos durante a Guerra Civil Russa

[2] Modo de vida

"A única coisa necessária para o triunfo do mal
é que os homens bons não façam nada."

EDMUND BURKE*

* *Fonte:* https://commons.wikimedia.org/wiki/Category:Edmund_Burke#/media/File:Edmund_Burke_by_James_Northcote.JPG

1.4. O legado de Trotsky

Certa vez, o jornalista Paulo Francis, naquele momento já considerado um ex-esquerdista, foi questionado a respeito de sua relação com o trotskismo. Francis respondeu que não mais nutria admiração por Leon Trotsky enquanto político e revolucionário, mas que sim, admirava o "intelectual" Trotsky. De fato, Leon foi o grande pensador da Revolução Russa ao lado de Lenin. Também foi ótimo orador e teórico revolucionário, e dele surgiu uma das mais importantes correntes do comunismo no mundo: o trotskismo. O teórico virou teoria. No Brasil do Regime Militar em que Francis viveu, por exemplo, era "*cool*" se autodenominar trotskista nos círculos revolucionários e intelectuais.

A série russa "Trotsky" (2017), dirigida por Alexander Kott e Konstantin Statsky, apresenta uma cena curiosa: um suposto encontro de Trotsky com Sigmund Freud (1856–1939). Na ocasião, Trotsky enquadra o pai da psicanálise durante uma de suas palestras, diante da própria plateia. Ora vejamos: desafiar Freud é tarefa para pessoas com intelecto avantajado, como fora o de Carl Jung (1865–1971), por exemplo. O suposto encontro com Freud, no entanto, não consta, ao menos, nas principais biografias sobre Trotsky. Remete-nos, apesar disso, à visão que os russos têm sobre o intelecto e a importância "dele", "do revolucionário". Muito mais que um braço direito de Lenin, e não é um absurdo afirmar, Trotsky foi o arquiteto da revolução.

O seriado de oito episódios recebeu muitas críticas de trotskistas na Rússia e no mundo – isso porque mostra verdades inconvenientes, como o fato de Trotsky ter sido um assassino frio e calculista. Na película, o líder do temível Exército Vermelho admite que matava pela revolução, enquanto Stalin ceifava vidas por puro prazer. Não é raro encontrar marxistas na defensiva sustentando o argumento de que Stalin "deturpou" Marx. Logo, de acordo com a narrativa de tais marxistas, Trotsky representa o marxismo ortodoxo e "bom" (até pela origem menchevique). Daí a revolta dos socialistas ao verem seu mocinho sendo apresentado como bandido na série russa.

O teórico e intelectual Trotsky defendia uma revolução também nos países fora da União das Repúblicas Socialistas Soviéticas (URSS), o que ia de encontro ao projeto de "Socialismo em Um Só País", de Stalin. Ambos os açougueiros socialistas também tinham discrepância na visão econômica a ser adotada na URSS. Stalin pretendia manter a NPE de Lenin, enquanto Trotsky propusera uma industrialização mais aguda; menos gradual, portanto. Essas diferenças aliadas à popularidade de "Leon", que representava um risco a Stalin, ocasionaram a expulsão de Trotsky do Partido Comunista em 12 de novembro de 1927. Partiu, assim, para o exílio no Cazaquistão. Em 1929, entretanto, foi obrigado a deixar a antiga União Soviética de forma definitiva, conseguintemente, tendo que partir do Cazaquistão.

Trotsky, conquanto declarado inimigo do partido por Stalin na URSS, logicamente não abandona seus ideais políticos. Sai de cena na URSS, mas sua figura assombra Stalin, até ser assassinado no México, em 1940. Se Stalin evitou fomentar o cultivo de uma lenda ao expurgar Trotsky, ao encomendar sua morte, o efeito foi contrário, visto que este torna-se um herói mundial das esquerdas e serve para os marxistas como uma válvula de escape de narrativas, visto que os principais líderes comunistas no mundo ocasionaram genocídios e barbárie, atraindo com isso um rótulo de açougueiros violentos colados em suas paletas. É preciso levar em conta, no entanto, dois aspectos históricos: 1) Trotsky matou sim – e muito, sobretudo enquanto líder do Exército Vermelho; 2) somente não foi responsável por ainda mais mortes porque foi expurgado e, como já lemos, morto pelo – ou a mando do – próprio ex-camarada de revolução, Stalin.

Leon Trotsky, e novamente inicio um parágrafo citando nosso personagem, é o arquétipo do que entende-se por uma mente revolucionária comunista: frio, calculista e obstinado. Seus seguidores não são diferentes. "Teu foco determina a tua realidade", enunciou o personagem Qui-Gon Jinn, de *Star Wars: Episódio I – A Ameaça Fantasma*, interpretado por Liam Neeson. Assim sendo, de acordo com essa máxima, se teu espelho moral, ideológico e intelectual for Trotsky, tu não serás diferente dele, pois teu foco, ou teu espelho, determina a tua realidade.

"Estamos caminhando para o socialismo,
um sistema que, como se diz, só funciona no Céu,
onde não precisam dele, e no Inferno, onde ele já existe."

RONALD REAGAN, 40º Presidente dos EUA*

* *Fonte:* https://commons.wikimedia.org/wiki/Ronald_Reagan#/media/File:Ronald_Reagan_1985_presidential_portrait_(cropped).jpg

1.5. Hermann Göring e o falsário de Vermeer

Hermann Göring (1892–1946) foi provavelmente o homem mais imponente e influente do Partido Nacional-Socialista dos Trabalhadores Alemães (NSDAP), depois de Hitler. Göring fundou a Gestapo (polícia secreta nazista de Hitler), comandou a Luftwaffe (a força área nazista) e, de 30 de agosto de 1932 até 24 de abril de 1945, foi presidente do Reichstag (parlamento alemão, conhecido como Bundestag). Também foi ministro da Aviação e da Economia alemã. Chegou a ser nomeado por Adolf Hitler como seu sucessor e tinha poder para representar o Führer em todos os gabinetes do governo nazista.

Göring perdeu força no governo nazista a partir de 1942, por causa dos sucessivos fracassos da Luftwaffe na missão de proteger a Alemanha dos ataques aéreos dos Aliados e também por não conseguir reabastecer as tropas nazistas que estavam cercadas por Stalin em Stalingrado. Assim, após uma sucessão de trapalhadas, em 1945 Göring foi expulso do partido por Hitler. Fora do cenário político, aquele que fora braço direito do "cabo" (como era chamado por Churchill) passava a se dedicar à compra de obras de arte – a maioria furtadas de judeus mortos no Holocausto.

Havia, entretanto, uma obra em especial que Göring, dependente de morfina desde que foi ferido em 1923, cobiçava (e que o Führer tinha): uma pintura do holandês Johannes Vermeer (1632–1675). Eis que o também holandês Henricus Antonius "Han" van Meegeren (1889–1947) tinha a obra e vendeu-a a Göring, que realizou seu sonho. Com o fim da Segunda Guerra Mundial, contudo, Göring é condenado e preso por crimes de guerra e crimes contra a humanidade nos Julgamentos de Nurembergue. Recebeu a sentença de morte por enforcamento.

Nesse período, autoridades vão até Van Meegeren e prendem-no sob acusação de roubar/furtar obras de judeus vítimas do nazismo e comercializá-las. Na prisão, o holandês solicita um pincel e papel/ /tela. Eis que ele pinta uma peça idêntica à vendida a Göring. Com isso, prova que era falsificador, não ladrão – o que abrandaria sua pena. Göring é informado de que seu "Vermeer" é uma falsificação. Acredita-se que esse desgosto possa ter sido o motivo que levou o ex-chefe da poderosa Luftwaffe a cometer suicídio na prisão, ao ingerir cianeto.

A pintura era idêntica, mas a ciência comprova que o prazer do ser humano é influenciado por aquilo que ele pensa estar presenciando. O conteúdo da pintura era o mesmo, mas não havia a essência da originalidade de Vermeer. Grosso modo comparando, alguém que está comendo um bife suculento pode estar gostando muito. Mas, se essa pessoa for informada de que o bife é de carne de cachorro, certamente ela vai agir com repugnância. O bife é o mesmo, com a mesma suculência e sabor, mas como o cérebro humano associa valores externos ao prazer, conforme estudos do pesquisador canadense Paul Bloom, a descoberta da origem da carne tem maior grau de importância na degustação do que o próprio sabor. Daí o desgosto de Göring ao descobrir que a tela, mesmo sendo idêntica à original, era falsa.

A proposta inicial deste texto era construir uma analogia entre essa associação que o cérebro humano faz dos valores externos ao prazer e a projeção de ideal dos revolucionários, abordando a diferença do real e do imaginário, do alcançável e do utópico. Confesso que, no entanto, ao terminar de escrever sobre o curioso caso de Göring, meu cérebro concentrou-se no "prazer real" que senti ao relembrar que esse nazista do Partido Socialista dos Trabalhadores, que ceifou a vida de milhares de inocentes e, como se não "bastasse", saqueou os pertences artísticos das vítimas, foi feito de trouxa, enganado por um farsante, fato provável que levou-o a cometer suicídio.

Certamente o leitor percebeu no texto palavras rudes, irônicas, com as quais tratei de Hermann Göring, que foi mais um produto totalitário oriundo das ideias revolucionárias. Usar de eufemismos e florear um texto que fala de um verdadeiro churrasqueiro do inferno, responsável pela morte de milhares e até milhões de pessoas, contudo, não é preocupação minha. E se fosse, essa preocupação seria tão original quanto o "Vermeer" de Van Meegeren.

O Vermeer de Göring era falso, motivo de boa ironia. Mas, infelizmente, a dor das vítimas do Holocausto foi real, verdadeira.

"De todas as tiranias,
a tirania sinceramente exercida para o bem
de suas vítimas será a mais opressiva."

C.S. LEWIS*

* *Fonte:* https://commons.wikimedia.org/wiki/Category:C._S._Lewis#/media/File:CS_Lewis_(1917).jpg

1.6. Influências marxistas sobre Hitler

O jornalista e historiador alemão Joachim Fest (1926–2006), autor de uma das mais respeitadas e consistentes biografias de Adolf Hitler (1889–1945), destaca em sua obra um trecho em que o Führer alemão admite sua relação com o marxismo, o que comprova que as ideias de Marx lhe serviram como inspiração, em alguma medida:

> Muito aprendi do marxismo. Confesso-o sem meias palavras. [...] Seus métodos me instruíram. [...] Os novos métodos utilizados no combate político foram inventados, essencialmente, pelos marxistas. Só tive mesmo que tomá-los de empréstimo e burilá-los para dispor de quase tudo o que nos fazia falta (2005, p. 136).

É evidente que Adolf Hitler não foi um marxista ortodoxo, seguidor do que entendemos por socialismo científico. É inegável, porém, que o marxismo influenciou em muito o Führer, tanto na construção do partido nazista como durante o exercício do poder, ou seja, em sua governabilidade. Lenin, precisamos lembrar, também não foi marxista ortodoxo; os mencheviques, por exemplo, estavam muito mais próximos do ideal de Karl Marx.

O fato inegável – e que macula a estrutura da narrativa dos historiadores de esquerda – é que, assim como Lenin, Hitler arquitetou seus projetos revolucionários com base no marxismo (e o texto acima escrito por "ele" nos indica isso). Os dois revolucionários, Hitler e Lenin, tiveram suas peculiaridades, é verdade. Aliás, "aquele" também leu a obra "deste" e inspirou-se em muito no bolchevismo.

Hitler usou o marxismo como lhe convinha (o que também podemos entender com o trecho acima escrito pelo Führer), assim como Lenin (o russo foi mais próximo quanto ao alvo inimigo, que, de acordo com Marx, era a classe burguesa; Hitler viu no judeu seu inimigo). Foi "ele" quem disse que se inspirou no marxismo; logo, negar que "sua" influência marxista é bater de frente com o fato histórico, pois: 1) Hitler, como lemos no primeiro parágrafo do texto, admite a influência da obra de Marx e, além disso; 2) o conjunto de elementos que caracterizam o partido nazista e suas ações nos remetem ao marxismo. As ideias de Marx, portanto – e posso afirmar isso seguramente –, serviram como uma luva ao plano revolucionário e totalitário de Hitler. O nazismo cheirava a marxismo. Há digitais marxistas em toda a arquitetura do nazismo.

A esquerda, por sua vez, sempre jogou no colo da direita essa bomba que foi o nazismo. E aqui não vou afirmar – como já fiz em meu livro *A Filosofia do Fracasso* (2020) – que o nazismo é filho da esquerda, pois hoje creio que há elementos para os dois lados, direita e esquerda (ainda que tendendo mais à esquerda). O nazismo foi um *Frankenstein* ideológico; uma aberração totalitária.

Porém, Hitler bebeu das fontes marxistas. Isso é inegável. Documentos de seu próprio punho atestam. Se Hitler foi um nacionalista, é verdade, também foi um anticapitalista. O Führer sempre foi contra o lucro das empresas, que em seu regime eram controladas pelo Estado (o que produzir, em que quantidade e com que preço vender). Hitler também foi contra a liberdade individual e a favor do Estado grande e absoluto. "Ele" controlou a economia de cima para baixo e aboliu a propriedade privada (de fato, mesmo que não de *jure*). Além disso, foi coletivista, desarmamentista e extinguiu a imprensa (o Estado se apropriou dos meios de comunicação). Para fechar a cartilha marxista com chave de ouro, Hitler usou o conhecido e prático método nós-contra-eles para fins políticos. Ou seja: todos contra os "inimigos", que eram os judeus.

Não é clichê falar sobre ideologias totalitárias. Antes, pelo contrário, precisa-se abordar com mais frequência essa temática tão importante. O mundo está repleto de déspotas que aguardam uma chance de implementar seus projetos totalitários. Winston Churchill (1874–1965) chegou a afirmar que, se Hitler tivesse morrido em 1938, ficaria na história como um estadista respeitado na Europa. Suas barbáries vieram à tona bem depois disso. Daí a ideia desta pequena série de textos sobre a mente dos revolucionários. É muito fácil nações caírem na rede de déspotas, que, com seus discursos populistas, seduzem o homem, explorando sua cobiça, assim como fez Mefistófeles na obra Fausto (1808), de Goethe (1749–1832). Quando isso ocorre e um país cai de joelhos para um governante revolucionário, as proporções de estrago são imensuráveis – e às vezes irreversíveis.

Neste texto (como na maioria dos que escrevo), de forma alguma busco esgotar o tema. Meu objetivo é instigar, provocar o leitor a fazer questionamentos sobre o nazismo e sua origem e métodos, bem como sobre a formação das ideias de Hitler. Precisamos estar atentos ao possível surgimento de novos tiranos.

Além do mais, não raro, as narrativas predominantes sobre o nazismo contêm distorções de conveniência, o que as coloca sob o guarda-chuva do problema abordado no texto sobre a licenciosidade dos revolucionários. Tudo passa pela moral. Não é, pois, sem razão que o escritor francês Gustave Flaubert escreve o seguinte em uma de suas correspondências, no século XIX:

> "Há tantas pessoas cuja alegria é tão imunda e o ideal tão limitado, que devemos bendizer nossa infelicidade, se ela nos faz mais dignos".

"Bom cidadão é aquele que não tolera na pátria um poder que pretenda ser superior às leis."

CÍCERO*

* *Fonte:* https://commons.wikimedia.org/wiki/Category:Cicero#/media/File:M-T-Cicero.jpg

1.7. Algumas verdades contrarrevolucionárias

Para findar o ensaio sobre a "mente revolucionária", que vem no ensejo de provocar o leitor a observar demagogias, falácias e incoerências no pensamento das esquerdas, listo 22 verdades que desnudam a retórica revolucionária, inclusive do Brasil. Tais verdades estão constituídas em verdades filosóficas e empíricas ou cimentadas sobre fatos históricos. De todo modo, seja de forma subjetiva e abstrata (caso da filosofia) ou concreta (como no fato histórico), as sentenças abaixo revelam o embaraço da ideologia revolucionária, que ganhou corpo mundialmente, sobretudo a partir de Lenin. A análise do pensamento revolucionário pode – e até deve – ser dividida em antes e depois da Revolução Russa, ou até mesmo usando como ponto de partida a formação de bolcheviques e mencheviques, oriundos da divisão do Partido Operário Social Democrata Russo.

Senão vejamos:

1) "O socialismo é a filosofia do fracasso, a crença na ignorância, a pregação da inveja. Seu defeito inerente é a distribuição igualitária da miséria." A conhecida frase proferida pelo estadista britânico Winston Churchill é perfeita. Ele chegou a reconhecer que o capitalismo distribui uma riqueza desigual, o que é verdade, mas ressaltou que o socialismo é caracterizado pela igual distribuição das misérias;
2) Tanto o socialismo científico de Marx como seu comunismo, que é uma bobagem utópica, não se sustentam. Desde a Revolução Russa de 1917, o implemento do socialismo causa miséria nos países. O comunismo de Marx, todavia, nunca foi implantado, como os próprios marxistas alertam, a fim de eximir Marx da responsabilidade pelo fomento das barbáries revolucionárias ocorridas ao longo do século passado. Além disso, o comunismo nunca foi colocado em prática por um motivo elementar: ele é inviável economicamente e vai contra a natureza humana. Adam Smith disse que "não é da

benevolência do padeiro que surge a abundância de pão para a sociedade, mas sim de seu interesse em lucrar". Smith está certo. O interesse do indivíduo pelo lucro e pelo crescimento pessoal são a força propulsora de desenvolvimento nos países. Nenhuma sociedade sobrevive apenas com altruísmo;

3) Os grandes avanços tecnológicos conquistados na civilização dão-se no – e somente pelo – capitalismo;
4) A ideologia marxista é responsável por mais de 150 milhões de mortes no mundo, desde a Revolução Russa de 1917. Muitos documentos históricos, alguns disponibilizados em *O Livro Negro do Comunismo*, comprovam tais números;
5) "Não existe almoço grátis". A conhecida frase adaptada de um ditado popular tem autoria original do professor da Escola de Chicago, Milton Friedman. De tão citada pelos liberais, virou bordão e parece clichê. Mas não é. A constatação de Friedman é simples, porém profunda, pois refuta a falácia socialista e populista de que o Estado é provedor. Alguém precisa pagar a conta. Winston Churchill concorda com isso quando afirma que "não há nada que o governo possa lhe dar que não tenha tirado de você em primeiro lugar";
6) "O melhor programa social é o emprego". A frase proferida pelo ex-presidente americano, Ronald Reagan, não nos induz a ser contra benefícios sociais (me refiro às bolsas) para famílias necessitadas. Há lacunas no capitalismo que precisam ser reparadas, preenchidas, principalmente num país como o Brasil, que sofre com suas mazelas históricas. Os programas sociais são necessários! Mas é no emprego que o desenvolvimento pleno encontra sua força-motriz. É a criação e a manutenção de empregos que gera riqueza e propicia ao Estado recursos para ajudar os menos favorecidos. E esse conceito dialoga com a definição anterior de Milton Friedman: "alguém precisa pagar a conta". Novo Hamburgo, no Rio Grande do Sul, e Osasco, em São Paulo, foram cidades líderes na geração de empregos no ano de 2022 no Brasil. São

cidades empreendedoras que criaram ambientes favoráveis para chegar a esses indicadores positivos. É essencial que os gestores públicos do país vejam no emprego uma estrada pavimentada para o crescimento;

7) As políticas socialistas de controle e de intervenção do Estado na economia causam atraso, retrocesso e desemprego. Posso citar dezenas de exemplos, porém menciono apenas a China, país fechado que abriu a economia e hoje briga cabeça a cabeça com os Estados Unidos para ser a maior economia do mundo, e a Suécia, caso que veremos logo adiante no texto. Os países com liberdade econômica são os mais ricos do mundo;
8) Os fins não justificam os meios revolucionários. Até porque o fim dos países socialistas é a miséria;
9) Políticos revolucionários são populistas e não se preocupam com as pessoas, mas sim com a tomada de poder e com a perpetuação nele;
10) O nazismo teve forte influência marxista e apresentou elementos contundentes que o associam às ideias totalitárias de esquerda, conforme lemos no texto anterior. Nazismo, comunismo e fascismo são irmãos siameses e todos lixos totalitários;
11) O revolucionário Ernesto Che Guevara, idolatrado nas universidades brasileiras, tirava vidas a sangue frio e odiava *gays* e negros. Não raro, no entanto, observo homossexuais e negros com camisas de Che Guevara. O socialismo é mesmo baseado em contradições!
12) "Alguns socialistas parecem acreditar que as pessoas deveriam ser números em um computador estatal. Acreditamos que deveriam ser indivíduos. Somos todos desiguais. Ninguém, graças a Deus, é como qualquer outra pessoa, por mais que os socialistas finjam o contrário. Acreditamos que todos têm o direito de ser desiguais, mas para nós todo ser humano é igualmente importante." A constatação da ex-primeira-ministra

britânica, Margareth Thatcher, é perfeita. Se melhorar, "estraga";

13) A crítica de Marx à mais-valia (que constitui-se como o excedente de produção não remunerado ao operário) é inconsistente, errada. No cálculo desenvolvido e apresentado em *O Capital*, o filósofo prussiano não considera diversos fatores que pesam contra o empregador, como os riscos que este corre ao empreender e empregar, por exemplo. O trabalho de Marx com relação à mais-valia não é científico, é tendencioso;
14) O meio mais eficaz de resolver o problema do preço dos combustíveis no Brasil, que até melhorou (reduziu) no final do ano de 2022, após a alta dos últimos anos, é a privatização total da Petrobras. É preciso abrir esse mercado e permitir a livre concorrência. Está na "mão invisível", teoria do economista escocês Adam Smith (1723–1790) que reconhece uma harmonia orgânica capaz de regular as relações de mercado, a chave para um comércio de combustíveis saudável no país;
15) "O respeito ao produtor de riqueza é o começo da solução da pobreza". A afirmativa foi proferida por Roberto Campos. No Brasil, infelizmente, via de regra, o gerador de riqueza (o empreendedor) é visto – e tratado – como um problema, não como solução. É papel dos governos remover os empecilhos que dificultam o trabalho do empreendedor, pois quando ele se sente confiante, investe e mais empregos e riquezas são gerados;
16) A Suécia não tem nada de socialista. De forma errônea, alguns ideólogos militantes da esquerda citam-na como referência do socialismo que deu certo. Ocorre que a Suécia era um país atrasado social e economicamente até os anos 1990 e se arrastava com uma máquina ineficiente e burocrática, com uma economia semi-socializada. Foi somente a partir de 1991, com o primeiro-ministro liberal Carl Bildtque, que o país alavancou. Com medidas liberais, como redução do tamanho do Estado e abertura de mercado, o país desenvolveu-se social

e economicamente. Hoje, mesmo com uma carga tributária considerada elevada (42,9% do PIB), a Suécia não tem salário mínimo, tem poucos entraves trabalhistas e consegue promover e aplicar suas políticas sociais não por causa do socialismo, mas pela sustentação econômica estabelecida sobre o livre mercado. E livre mercado nada mais é do que capitalismo;

17) Uma verdade tão óbvia e conhecida por quase todos, que chega a parecer clichê ideológico: todo revolucionário gostaria de viver nos Estados Unidos;

18) O revolucionário quer brincar de socialismo com o dinheiro dos outros. Aliás, Margareth Thatcher disse algo nesse sentido: "O socialismo dura até terminar o dinheiro dos outros";

19) "O anticapitalismo só se mantém em evidência por viver à custa do capitalismo." A constatação de Ludwig von Mises, um dos pais da Escola Austríaca de Economia, é tanto assertiva quanto atual. Só há produção de riqueza no capitalismo. Assim sendo, o capitalismo é essencial até mesmo para sustentar a revolução anticapitalista. Não raro, neorrevolucionários usam o Facebook e outras redes sociais, ferramentas capitalistas, como plataformas para expor suas ideias. O socialismo é, como já falamos acima, um contrassenso;

20) "É uma ilusão acreditar que um sistema de socialismo planejado pode ser operado de acordo com métodos democráticos de governo." Ludwig von Mises desmascara uma falácia socialista no que tange ao uso deturpado do termo "democracia". Não há sistema democrático no socialismo científico de Marx. Infelizmente, no Brasil do governo Jair Bolsonaro, pequenos, mas muitos, tirantes totalitários jogaram a direita (por direita me refiro, grosso modo, aos movimentos conservadores e liberais) na lama antidemocrática. Os reacionários bolsonaristas não são conservadores nem liberais, mas "sequestraram" o movimento conservador (e até liberal) brasileiro;

21) "O conservador pensa na política como um meio de preservar a ordem, a justiça e a liberdade. O ideólogo, pelo contrário,

pensa na política como um instrumento revolucionário para transformar a sociedade e até mesmo transformar a natureza humana. Na sua marcha em direção à utopia, o ideólogo é impiedoso." (Russell Kirk);

22) "Todo direito é casado com um dever. Toda liberdade deve uma responsabilidade correspondente. E não pode haver liberdade genuína a menos que exista também ordem genuína, no reino moral e no reino social." Constatação também de Russell Kirk.

Na guerra de narrativas, há falácias de todos os lados. Liberais e seu "estado mínimo" e "imposto zero", por exemplo, também entram na lista de utopias e absurdos. Mas sobre isso devo falar em um próximo livro.

PARTE III

“O socialismo é uma nova forma de escravidão.”

ALEXIS DE TOCQUEVILLE*

---

* *Fonte:* https://commons.wikimedia.org/wiki/Category:Alexis_de_Tocqueville#/media/File:Alexis_de_Tocqueville_(Th%C3%A9odore_Chass%C3%A9riau_-_Versailles).jpg

1.

DE TOCQUEVILLE A GOETHE: A DITADURA DA MAIORIA E O NOVO CONTRATO ASSINADO PELOS BRASILEIROS

Em 2022, Luís Inácio Lula da Silva foi eleito à presidência do Brasil, para cumprir seu terceiro mandato, com uma votação de 51 a 49% contra o candidato e ex-presidente da República, Jair Messias Bolsonaro. Disputa decidida no detalhe, aos 45 minutos do segundo tempo. Essa pequena, mas decisiva vantagem de dois por cento pode, todavia, ser entendida e explicada ao observar-se a obra do francês Alexis de Tocqueville, que, em *Democracia na América*, enuncia, num contexto de democracia, que esta pode ser considerada uma "tirania da maioria".

Nesse sentido (pela leitura tocquevilliana), a vontade de 51% dos brasileiros que prevalece sobre a dos demais 49%, considerando os votos válidos, impõe uma ditadura travestida de democracia. Tocqueville acerta na mosca em sua definição: a democracia é uma imposição da maioria sobre a minoria. No caso brasileiro, uma maioria mínima (menos de 2% de votos válidos) determina que o país seja governado por um ex-condenado em várias instâncias.

A eleição de um ex-condenado (ou descondenado, como alguns preferem) ao mais importante cargo político no Brasil expõe a imperfeição do sistema democrático. "Democracia", aliás, que é um termo sequestrado pelas esquerdas no Brasil. No entanto, como bem definiu o estadista britânico Winston Churchill, "a democracia é a pior forma de governo, exceto todas as demais formas de governo". Malgrado suas imperfeições, apenas a democracia é capaz de propiciar um ambiente de cidadania pleno.

Embora nossos problemas no Brasil sejam complexos, talvez um sistema parlamentarista minimize a fragilidade de nossa democracia. A governabilidade nesse sistema de governo é mais eficiente e não apresenta ameaças antidemocráticas. Se o primeiro-ministro vai mal, obriga-se a renunciar (como tem ocorrido no Reino Unido seguidamente nos últimos anos). Se não renuncia, leva do Parlamento um pé no traseiro. Se o Parlamento, por sua vez, não agir, no caso do Reino Unido, o monarca tem poder para dissolvê-lo. Contudo, nesse caso, foge de nossa realidade, pois o Brasil não é uma monarquia.

1.1. Um exemplo em Goethe

Ao eleger o ex-condenado Lula, os 51% dos brasileiros que o escolheram democraticamente assinaram um contrato de quatro anos com o "lulopetismo". No poema Doutor Fausto, do alemão Johann Wolfgang von Goethe, publicado em duas partes – a primeira em 1808 e a segunda em 1832 –, o personagem mitológico alemão da Idade Média, conhecido como Dr. Fausto, "assina um contrato" com o demônio. Mefistófeles (o demônio) oferece ao cientista Fausto "conhecimento em troca de escravidão, vida eterna por obediência e amor por rendição". Fausto, que até então vivia uma vida insatisfeita, em busca do conhecimento sobre-humano se corrompe e aceita a oferta de Mefistófeles, com quem Deus apostara que Fausto não se corromperia. Fausto troca sua alma pelo prazer momentâneo. Sem demonstrar preocupação com o próprio futuro, compromete seu destino. A conta dessa dívida logo chega. O sonho de Fausto torna-se um pesadelo real.

Fausto, agora belo e "inteligente", recorre a Mefistófeles para que este o ajude a conquistar a jovem Gretchen, que, em seguida, engravida de Fausto. A tragédia está iniciada. Valentim, irmão de Gretchen, para vingar a honra da família, desafia Fausto a um duelo e morre.

Gretchen afoga seu filho recém-nascido, fruto do relacionamento com Fausto, e acaba presa e executada. A desgraça está feita. E só piora no decorrer da narrativa de Goethe, que apresenta o personagem mitológico de forma erudita.

O Brasil assinou em 30 de outubro de 2022 um contrato, fez um pacto, com um novo presidente para a vigência 2023/2026. A persuasão de Lula foi implacável para conquistar a parcela do eleitor que, de acordo com Tocqueville, pertence à tirania da maioria. Não faltaram promessas de Lula para conquistar um eleitorado que, é bem verdade com alguma razão, sentia-se insatisfeito – mais ou menos como Fausto, de Goethe.

Fausto, lembro, após sofrer as consequências de seu contrato com Mefistófeles, arrepende-se e encontra a "salvação" ao obter o perdão divino. É claro que há perdão para um país que elege à presidência um ex-condenado em três instâncias. Contudo, as consequências de tal escolha são inevitáveis e talvez – ou até provavelmente – irreparáveis.

Independentemente do resultado das urnas, sigo defendendo – e sempre vou defender – a (tirania da) democracia, a "menos pior" das formas de governo, como bem disse sir Winston Churchill, mesmo que, por conta disso, eu sofra as terríveis consequências das más "escolhas de Fausto" junto com ele. Ou seja: a tirana da maioria assina um mau contrato, mas eu que pago o pato.

É importante salientar que o primeiro a escolher Mefistófeles não foi o povo, a "tirania" democrática dos 51%, mas o próprio ex-presidente Bolsonaro que, visivelmente, fez movimentos para tirar Sérgio Moro do tabuleiro político. Fez! Moro foi linchado pelo bolsonarismo. Mas o ex-magistrado também tem culpa no cartório: a trapalhada da dupla Moro/Bolsonaro (Moro cometeu um grave erro ao ir para o Ministério da Justiça) fez a Lava Jato, régua moral anticorrupção até então no Brasil, ir para a lama. Por conseguinte, com a Lava Jato desmoralizada e fragilizada, Lula, escolhido como adversário por Bolsonaro em vez de Moro, foi ressuscitado, solto pelo empoderado Supremo Tribunal Federal por meio de uma tecnicalidade (eufemismo para gambiarra) jurídica.

1.2. Epílogo

Num cenário como esse, já não tenho mais certeza de quem é o verdadeiro Mefistófeles no Brasil. Mas a tirania "democrática"[1] dos 51% fez sua escolha. E, para muitos dessa maioria, o eleito para os próximos quatro anos de governo no Planalto, na analogia com a obra de Goethe, é deus, não Mefistófeles. O Brasil encontra-se, mais uma vez, refém do "lulopetismo".

Que Deus nos guarde.

---

[1] Nota do autor: o conceito de tirania da maioria, obviamente, também é válido para a maioria que impôs em 2018 Jair Bolsonaro como presidente nesses últimos quatro anos sobre todos os brasileiros. É a democracia. Aliás, melhor dizendo, é a tirania da maioria.

"A inveja é a paixão que vê com maligno desgosto a superioridade dos que realmente têm direito a toda a superioridade que possuem."

ADAM SMITH*

* *Fonte:* https://commons.wikimedia.org/wiki/Adam_Smith#/media/File:AdamSmith.jpg

POSFÁCIO

Esta obra do jornalista Ianker Zimmer, na qual somos convocados a registrar breves palavras conclusivas, é mais uma contribuição de seus esforços na esfera do moderno individualismo liberal, devidamente temperado pelas grandes mensagens atemporais da civilização reclamadas pela salutar prudência do conservadorismo. Essas duas balizas continuam sendo, como em seus primeiros trabalhos, as colunas-mestras de sua reflexão. Acrescenta, porém, a essa perspectiva convencionalmente contraposta à chamada "mentalidade revolucionária" um olhar sobre o outro lado da moeda, igualmente pernicioso: a "mentalidade reacionária".

Para tanto, a jornada de Ianker principiou por apreciar os fundamentos teóricos do Estado liberal moderno, partindo dos contributos precursores da filosofia hobbesiana e passando pelos alicerces inescapáveis do *whiggismo* de John Locke, bem como diagnosticando brevemente os desafios que lhes são impostos pelas elaborações rousseaunianas. Ele prosseguiu avaliando o lugar dos filósofos e intelectuais em geral no ambiente da opinião pública brasileira, aplicando de forma particular a dicotomia entre o indivíduo e o coletivo a diferentes autores e questões, estudando as várias manifestações do totalitarismo socialista ou nazista e confrontando as argutas análises tocquevillianas quanto à "ditadura da maioria" aos desafios de nosso país na atual quadra histórica. Contudo, achamos por bem ater-nos a Rousseau;

talvez aí possamos acrescer algumas ponderações úteis ao problema geral enfocado por este *A Mente Revolucionária – Provocações a reacionários e revolucionários*. Tanto o mal "revolucionário" quanto o mal "reacionário", em maior ou menor medida assentados na pretensão totalizante por respostas absolutas que revolvam por completo o cenário social e cultural do presente, estão atrelados a um coletivismo que, em suas conformações contemporâneas, deverá muito ao pensador genebrino.

Rousseau era um autor preocupado com as teorias contratualistas e se proclamava um defensor da liberdade dos indivíduos; ao mesmo tempo, porém, é enxergado como o avô dos totalitarismos e das utopias socializantes, tendo sido criticado veementemente, mesmo em sua época, por muitos daqueles que convencionaríamos chamar "liberais clássicos". Enquadrado, como muitos de seus contemporâneos, no contexto iluminista, Rousseau é também visto como um precursor do "Contra-Iluminismo", um berço do que viria a ser designado como Romantismo. Em suas obras *Discurso sobre as Origens e os Fundamentos da Desigualdade entre os Homens* (1754) e *Do Contrato Social* (1762), ele estabeleceu as raízes de um sem-número de estorvos que as gerações subsequentes precisariam e ainda precisam enfrentar. Sua teoria julgava a civilização uma degeneração do idílico gozo dos "direitos naturais" do homem, da qual ele só poderia ser resgatado mediante a educação e a formalização de um "contrato social" autêntico.

Para formalizar o "contrato social" rousseauniano, far-se-ia necessária uma espécie de "concordância média" a que todos se deveriam submeter. Essa média seria a "vontade geral", a única que "pode dirigir as forças do Estado em conformidade com o objetivo de sua instituição, que é o bem comum"[1], erigindo-se sobre o que haveria de comum nos diversos interesses compositores da sociedade. A isso ele acrescentaria que:

---

[1] ROUSSEAU, Jean-Jacques. *Do Contrato Social*. Trad. Antônio de Pádua Danesi. São Paulo: Martins Fontes, 1996, p. 33.

> cada indivíduo pode, como homem, ter uma vontade particular oposta ou diversa da vontade geral que tem como cidadão. Seu interesse particular pode ser muito diferente do interesse comum; sua existência absoluta e naturalmente independente pode levá-lo a considerar o que deve à causa comum como uma contribuição gratuita, cuja perda será menos prejudicial aos demais do que será o pagamento oneroso para ele; e, considerando a pessoa moral que constitui o Estado como ente de razão, pois que não é um homem, gozará dos direitos do cidadão sem querer cumprir os deveres do súdito – injustiça cujo progresso redundaria na ruína do corpo político. A fim de que o pacto social não venha a constituir, pois, um formulário vão, compreende ele tacitamente esse compromisso, o único que pode dar força aos outros; aquele que se recusar a obedecer à vontade geral a isso será constrangido por todo o corpo – o que significa apenas que será forçado a ser livre, pois é esta a condição que, entregando à pátria cada cidadão, o garante contra toda a dependência pessoal, condição que configura o artifício e o jogo da máquina política, a única a legitimar os compromissos civis, que sem isso seriam absurdos, tirânicos e sujeitos aos maiores abusos (1996, p. 25).

A "vontade geral" não pode ser aí compreendida como sinônimo de "vontade de todos", porque esta última implicaria apenas a adição de todas as vontades particulares, com seus elementos inevitavelmente repulsores e antitéticos. Os indivíduos cederiam ao poder "soberano", através do "contrato social", apenas a parcela de suas prerrogativas, bens e liberdades que conviesse ao "interesse comum" expresso nessa hipotética "vontade geral" no ato fundante dessa relação contratual. Infelizmente, e aí se explicitam os graves prejuízos que decorreriam dessa concepção, somente esse mesmo "soberano" poderia julgar acerca das questões englobadas nesse interesse, inclusive quando isso abranger a determinação da vida ou da morte dos cidadãos. Ao estatuir a legislação fundamental e o poder político mediante o "contrato social" e a "vontade geral", os indivíduos se deveriam imbuir, nas palavras de Rousseau, de pretensão nada modesta:

> Quem ousa empreender a instituição de um povo deve sentir-se capaz de mudar, por assim dizer, a natureza humana; de transformar cada indivíduo que, por si mesmo, é um todo perfeito e solidário em parte de um todo maior, do qual esse indivíduo recebe, de certa forma, sua vida e seu ser; de alterar a constituição do homem para fortalecê-la; de substituir por uma existência parcial e moral a existência física e independente que todos recebemos da natureza. Deve, numa palavra, arrebatar ao homem suas próprias forças para lhe dar outras que lhe sejam estranhas e das quais não possa fazer uso sem o auxílio de outrem. Quanto mais mortas e aniquiladas são as forças naturais, mais as adquiridas são grandes e duradouras, e na mesma proporção a instituição é sólida e perfeita. De sorte que, quando cada cidadão nada é e nada pode senão com todos os outros, e quando a força adquirida pelo todo é igual ou superior à soma das forças naturais de todos os indivíduos, pode dizer-se que a legislação está no mais alto grau de perfeição a que pode chegar (1996, p. 50).

Note o leitor: "forçar a ser livre"; "mudar, por assim dizer, a natureza humana"; dissolver interesses em uma média do "interesse comum" e submeter-se a ela no escopo etéreo de uma poderosa "vontade geral"; entregar a vida e a morte às determinações dos empossados por essa "vontade". Adicionalmente, tais institutos só se consumariam mediante o exercício direto das decisões pelo "povo", sem a adoção do sistema representativo sustentado pela boa tradição liberal, preferindo-se os riscos de um assembleísmo incessante. Não se pode dizer de Rousseau que sonhava com o despotismo; infelizmente, entretanto, enquanto a maioria dos liberais clássicos se encarregou de desfraldar a bandeira das prerrogativas individuais, enfatizando o imperativo da existência de instrumentos contramajoritários capazes de proteger a vida, a liberdade e a propriedade, o ímpeto rousseauniano enobreceu sobremaneira o coletivo e a massa. Concedeu a esse "todo" o poderio de, ainda que ele próprio não necessariamente o pretendesse, convulsionar as instituições e tradições a todo instante pela imposição do caos sobre o sistema político.

Antecipou-se, além disso, aos "revolucionários" subsequentes ao anatematizar as instituições e o figurino social como responsáveis essenciais pelos males que nos assaltam, menosprezando o papel das mazelas morais humanas intrínsecas ao próprio ser. A melhor resposta aos problemas rousseaunianos, ainda no século XIX, viria nas palavras de Benjamin Constant (1767-1830):

> Rousseau ignorou esta verdade e o seu erro fez do seu contrato social, tão frequentemente invocado em prol da liberdade, o instrumento mais terrível de todos os gêneros de despotismo. Definiu o contrato celebrado entre a sociedade e os seus membros como a alienação completa e sem reservas de cada indivíduo com todos os seus direitos em mãos da comunidade. Para nos tranquilizar acerca das consequências do abandono tão absoluto de todas as partes da nossa existência em benefício de um ser abstrato, diz-nos que o soberano, ou seja, o corpo social, não pode prejudicar nem ao conjunto dos seus membros, nem a cada um deles em particular; que ao se entregar cada um por completo, a condição é igual para todos, e que ninguém tem interesse em torná-la onerosa aos demais; que ao se dar cada um a todos, não se dá a ninguém; que cada um adquire sobre todos os associados os mesmos direitos que ele lhes entrega, e ganha o equivalente de tudo quanto perde, com mais poder para conservar o que tem. Mas esquece que todos esses atributos preservadores que confere ao ser abstrato que chama de soberano resultam de que esse ser se compõe de todos os indivíduos sem exceção. Ora, tão logo que o soberano tem de fazer uso do poder que possui, ou seja, tão logo que deve proceder a uma organização prática da autoridade, não podendo o soberano exercê-la por si próprio, delega-a, e todos esses atributos desaparecem. Ao estar necessariamente, pela sua própria vontade ou à força, a ação que se executa em nome de todos à disposição de um só ou de alguns, resulta que ao se dar um a todos, não é verdade que não se dê a ninguém; pelo contrário, dá-se aos que agem em nome de todos. Daí que, ao se dar por completo, não se coloca numa condição igual para todos, já que alguns se aproveitam exclusivamente do sacrifício do resto. Não é verdade que ninguém tenha interesse em tornar onerosa a condição aos

> demais, posto que há associados que estão por fora da condição comum. Não é verdade que todos os associados adquirem os mesmos direitos que cedem; não todos ganham o equivalente do que perdem e o resultado daquilo que sacrificam é, ou pode ser, o estabelecimento de uma força que lhes tira o que têm (BERLANZA, 2023, p. 111).

A "vontade geral", a "soberania", a obrigação de "ser livre" conforme o "soberano" entender que seja a verdadeira liberdade, essa concessão exacerbada de si ao todo por parte do indivíduo – novamente, contra os desígnios do próprio Rousseau, mas suas ideias políticas devem ser julgadas, ao menos em parte, pelas consequências a que deram ocasião –, quer isso tudo seja mobilizado em prol de um sonho igualitário maravilhoso, da construção esquemática de um "amanhã" glorioso que justifique a subversão do presente e o banho de sangue dos "contrarrevolucionários" na guilhotina; quer isso tudo seja mobilizado em prol da "restauração" de um passado hipoteticamente maravilhoso que em verdade nunca existiu, fazendo dos seus defensores mais "modernos" (influenciados pelos aspectos mais negativos da modernidade, por suas parcialidades autoritárias) do que admitem, o resultado é muito similar. Por essa razão, cumpre congratular nosso amigo Ianker por seu labor em confrontar ambos os males, não acolhendo as concessões que muitos autodeclarados liberais ou conservadores terminam por fazer, violando suas convicções em busca de aplausos fáceis. Que ele persevere nessa seara tão necessária ao enfrentamento de nossas tribulações.

Rio de Janeiro.

LUCAS BERLANZA

REFERÊNCIAS

BADINTER, Elisabeth. *As paixões intelectuais: vontade de poder.* Tradução Clóvis Marques. Rio de Janeiro: Civilização Brasileira, 2009, v3.

BERLANZA, Lucas (entrevista, 2022).

BERLANZA, Lucas. *O Papel do Estado Segundo os Diversos Liberalismos.* São Paulo: Edições 70, 2023.

BLUCHE, Frédéric; RIALS, Stéphane; TULARD, Jean. *A Revolução Francesa.* Tradução (INFORMAR). Rio de Janeiro: Jorge Zahar Editor Ltda, 1989.

BRASIL. Ato Institucional n. 5 de 13 de dez. 1968. Dispõe sobre 147° da Independência e 80° da República. *Diário Oficial da União.* Brasília, 13 de dez. 1968. Seção 1, p. 10801. Disponível em: <https://www.planalto.gov.br/ccivil_03/AIT/ait-05-68.htm>. Acesso em: 03 nov. 2022.

BURKE, Edmund. *Reflexões sobre a Revolução na França.* Tradução, apresentação e notas José Miguel Nanni Soares. São Paulo: Edipro, 2014.

CARDOSO, Fernando Henrique. *Cartas a um jovem político: para construir um país melhor.* Rio de Janeiro: Elsevier, 2006.

CASTELLO BRANCO, Carlos. *Os Militares no Poder*: de *1964 ao Ai-5.* Rio de Janeiro: Nova Fronteira, 2007.

DAHIA, Sandra Leal. "Da obediência ao consentimento: reflexões sobre o experimento de Milgram à luz das instituições modernas". *Sociedade e Estado.* Brasília: Scielo, ano 30, nº 4 (2015), pp. 225.241. Disponível em: <https://www.scielo.br/j/se/a/PWkPLyXbvd7TTYHq5MqNg8c/?lang=pt>. Acesso em: 05 out. 2021.

DUMAS, Alexandre. *O Conde de Monte-Cristo.* Tradução Herculano Villas Boas. São Paulo: Martin Claret, 2017.

FEST, Joachim Clemens. *Hitler.* Tradução Analúcia Teixeira Ribeiro e outros. 2. ed. Rio de Janeiro: Nova Fronteira, 2005.

FIGES, Orlando. *Uma história cultural da Rússia.* Tradução Maria Beatriz de Medina. 2. ed. Rio de Janeiro: Record, 2018.

FLAUBERT, Gustave. *Cartas Exemplares.* Tradução Carlos Eduardo Lima Machado. 2 ed. Rio de Janeiro: Imago, 2005.

GASPARI, Elio. *A ditadura escancarada.* São Paulo: Companhia das Letras, 2002.

GASPARI, Elio. *A ditadura envergonhada.* São Paulo: Companhia das Letras, 2002.

HAYEK, Friedrich August von. *Os erros fatais do socialismo.* Tradução Eduardo Levy. 1. ed. Barueri: Faro Editorial, 2017.

KOTKIN, Stephen. *Stálin – Volume 1: Paradoxos do poder.* Tradução Pedro Maia Soares. 1. ed. Rio de Janeiro: Objetiva, 2017.

LOCKE, John. *Segundo Tratado sobre o Governo.* São Paulo: Editora Martin Claret, 2005.

LUDWIG, Emil. *Stalin.* Rio de Janeiro: Editorial Calvino, 1943.

Maiakovski , Vladimir Vladimirovitch. *Antologia poética.* Tradução Emílio C. Guerra. 2 ed. São Paulo: Editora Max Limonad Ltda, 1983.

MARÍAS, Julián. *História da filosofia.* Tradução Claudia Berliner. São Paulo: Martins Fontes, 2004.

MONIZ BANDEIRA, Luiz Alberto. *Lenin: vida e obra.* 4. ed. rev. e ampl. Rio de Janeiro: Civilização Brasileira, 2017.

OLIVEIRA, Josemar Machado; OLIVEIRA, Ueber José. "Opinião pública na Europa e no Brasil: das origens da expressão à materialização tardia". *Dimensões.* Espírito Santo, nº 44 (2020), pp. 11-43.

OVÍDIO. *A arte de amar.* Tradução Dúnia Marinho da Silva. Porto Alegre: L&PM, 2001.

ROUSSEAU, Jean-Jacques. *Do Contrato Social.* São Paulo: Editora Nova Cultural Ltda, 2005.

RUETHER, Graça Magalhães. Stalin é considerado como sádico, mas adorado por boa parte dos russos. *O Globo,* 30 mar. 2013. Disponível em: <https://oglobo.globo.com/brasil/historia/stalin-considerado-como-sadico-mas-adorado-por-boa-parte-dos-russos-7984691>. Acesso em: 04 abr. 2023.

SCHOPENHAUER, Arthur. *A arte de escrever.* Tradução, organização, prefácio e notas Pedro Sussekind. Porto Alegre: Coleção L&PM Pocket, 2005.

SCRUTON, Roger. *Como ser um conservador.* Tradução Bruno Garschagen. 8. ed. Rio de Janeiro: Record, 2018.

SMITH, Adam. *A Riqueza das Nações: uma investigação sobre a natureza e as causas da riqueza das nações.* Tradução Norberto de Paula Lima. 3. ed. Rio de Janeiro: Nova Fronteira, 2017.

TÉTART, Philippe. *Pequena história dos historiadores.* Tradução Maria Leonor Loureiro. Bauru/São Paulo: Edusc, 2000.

TOCQUEVILLE, Alexis. *O Antigo Regime e a Revolução.* Tradução Rosemary Costhek Abílio. São Paulo: Folha de São Paulo, 2015.

TSÉ-TUNG, Mao. *O Livro Vermelho*: citações do comandante Mao Tsé-Tung. São Paulo: Martin Claret, 2002.

VARES, Sidnei Ferreira. "A sociologia durkheimiana e a tradição conservadora: elementos para uma revisão crítica". *Revista Brasileira de Ciência Política.* Brasília: Scielo, nº 20 (2016), pp. 79-120. Disponível em: <https://www.scielo.br/j/rbcpol/a/s4cbRnMSFJ3tLc9N8X4bstw/?lang=pt>. Acesso em: 05 out. 2021.

VEEN, Wouter van der. *O capital de Van Gogh: Ou como os irmãos Van Gogh foram mais espertos que Warren Buffett.* Tradução Julia da Rosa Simões. 1. ed. Porto Alegre: L&PM, 2018.

WEBER, Max. *Ciência e Política: duas vocações.* Tradução e notas Marco Antonio Casanova. São Paulo: Martin Claret, 2015.

ZIMMER, Ianker. *República democrática do pensamento único: o papel da imprensa, o Estado controlador e a liberdade de pensamento no Brasil.* São Paulo: Edições 70, 2021.

ZIMMER, Ianker. *A filosofia do fracasso: ensaios antirrevolucionários.* 1 ed. Maringá: Viseu, 2020.